KARMA YOGA

DU BIST, WAS DU GIBST!

Manuela Gassner

Impressum

Bibliografische Information der Deutschen Nationalbibliothek:
Die Deutsche Nationalbibliothek verzeichnet diese Publikation in der
Deutschen Nationalbibliografie; detaillierte bibliografische Daten sind im
Internet über http://dnb.dnb.de abrufbar.
© 2025 Mag. Manuela Gassner
Verlag: BoD · Books on Demand GmbH, Überseering 33, 22297 Hamburg,
bod@bod.de
Druck: Libri Plureos GmbH, Friedensallee 273, 22763 Hamburg
ISBN: 978-3-8192-4802-3

Ich danke allen SELBST-verwirklichten Meistern,

die Wissen der Befreiung mit anderen teilen

und deren Erkenntnisse,

angefangen von „Du bist, was du denkst" (Buddha),

den Boden zur eigenen Ent-Wicklung ebneten,

sowie auch Grundlage für die Erkenntnisse zu diesem Buch sind.

Om Namah Shivaya.

Inhaltsverzeichnis

ÜBER DIE AUTORIN 7

VORWORT DER AUTORIN 9

VORWORT VON WALTER BAUMGARTNER 12

VORWORT VON MANFRED RAUCHENSTEINER 14

PROLOG 16

EINLEITUNG: DO, ERGO SUM 17

1.   DIE AUSGANGSLAGE: BESTEHENDE KONZEPTE 23

1.1.   DAS SOZIALE GRUNDBEDÜRFNIS 25

1.2.   DIE ROLLE VON MANN UND FRAU 27

1.3.   AUS DER BIBEL 30

1.4.   KARMA 32

1.5.   (KARMA) YOGA 35

1.6.   DEIN SOSEIN 38

2.   KOMPONTENTEN UNSERES GEBENS 40

2.1.   GEDANKEN 40

2.2.   GEFÜHLE & EMOTIONEN 44

2.3.   INTENDIERTE HANDLUNGEN 50

2.4.   EGOISMUS VS. ALTRUISMUS 53

2.5.   DAS KLEINE EGO 56

2.6.   DRAMA 65

2.7.   SELBSTWERT 68

2.8.   SELBSTLIEBE 71

3.   BEDINGUNGEN FÜR EIN GEBEN & NEHMEN IN BALANCE 74

3.1.   EINE ÜBUNG ZU BEGINN 75

3.2.	EIN ERFAHRUNGSBERICHT ZU BEGINN	78
3.3.	PATHOGENESE UNSTIMMIGEN GEBENS	82
3.4.	NOCH EIN ERFAHRUNGSBERICHT: BURNOUT	84
3.5.	SALUTOGENESE: WAHRHAFTIGES GEBEN	89
3.6.	STIMMIGKEIT	91
4.	DIE GEISTIGEN GESETZE	98
4.1.	DAS GESETZ DER POLARITÄT	98
4.2.	DAS GESETZ VON URSACHE UND WIRKUNG	102
4.3.	DAS GESETZ DER SCHWINGUNG	104
4.4.	DAS GESETZ DER RESONANZ	106
4.5.	DAS GESETZ DER IMAGINATION	107
4.6.	DAS GESETZ DER FÜLLE	110
4.7.	DAS GESETZ DER ANALOGIE	113
4.8.	FAZIT: DU BIST DER SCHÖPFER!	114
5.	BESONDERE FORMEN DES GEBENS	118
5.1.	GABEN	119
5.2.	AUSGABEN/AUSGEBEN	120
5.3.	VERAUSGABEN	123
5.4.	BEGEBENHEIT	125
5.5.	GEBENEDEIT	126
5.6.	AUFGEBEN	129
5.7.	VERGEBUNG	130
6.	DIE LÖSUNG	140
6.1.	KENNE DEINE ABSICHT	141
6.2.	BEWUSSTES SEIN	144

6.3.   **WERT SEIN** **154**

6.4.   **FRIEDVOLLES SEIN IN GLEICHMUT** **156**

6.5.   **DANKBAR SEIN** **161**

6.6.   **LIEBEVOLL SEIN** **163**

6.7.   **IN SEINER KRAFT SEIN** **168**

6.8.   **DIR GEBE ICH MIR** **171**

6.9.   **BONUS: DIE WOHLSTANDSTEILUNG** **175**

6.10.   **UND ICH GEBE ICH MIR** **177**

6.11.   **ICH BIN DIE URSACHE** **179**

BONUS: WEITERE HEILSAME AFFIRMATIONEN **184**

BONUS: DER GEBEN & NEHMEN-CHECK **185**

BONUS: DEINE SCHABLONEN **187**

NACHWORT **190**

LITERATUREMPFEHLUNGEN **191**

LITERATURVERZEICHNIS **192**

ZITATE **195**

Abbildungsverzeichnis

Abbildung 1: Die 5 Geburten 24
Abbildung 2: Kreislauf von Geben & Nehmen 34
Abbildung 3: Wer bin ich? 49
Abbildung 4: Das Drama-Dreieck 67
Abbildung 5: Unser Selbst 69
Abbildung 6: Stimmigkeit (Schulz von Thun) 91
Abbildung 7: Emotos Fotografie 105
Abbildung 8: Karindrawings 109
Abbildung 9: Vergebung 135
Abbildung 10: Die drei Hauptenergiezentren 145
Abbildung 11: Annahme praktizieren 151
Abbildung 12: Zu Gast bei Kurt Tepperwein 176

ÜBER DIE AUTORIN

Manuela Gassner ist Lehrerin sowie Mentaltrainerin nach Kurt Tepperwein und Yogatrainerin. Als Seminarleiterin leitet sie die Ausbildung zum Mentaltrainer nach Kurt Tepperwein sowohl in Live- als auch in Onlineseminaren. 2021 war sie Gastgeberin und Begründerin des The Awakening! Summit.

Lieblingszitat und Leitsatz:
"Lasse nie zu, dass du jemandem begegnest, der nicht nach der Begegnung mit dir glücklicher ist." (Mutter Teresa)

"I honor the place in you where the entire Universe resides. A place of light, of love, of truth, of peace, of wisdom. I honor the place in you where when you are in that place and I am in that place there is only one of us."

Zum Audio-Beitrag über Geben & Nehmen:
https://www.youtube.com/watch?v=WGwmlgTkUjo

Kontakt:
mag.manuelagassner@gmail.com

„Im Leben
kriegst du nicht das,
was du willst, sondern das,
was du brauchst, damit deine
Seele wachsen kann."
(Unbekannt)

Liebe Seele! Allem voran: Wie schön, dass du hier bist! Ich danke dir für dein Interesse, deine Zeit und deine Hingabe bei der folgenden Lektüre.

Wie kam es zu diesem Buch? Das „Paar Geben & Nehmen" beschäftigt mich schon immer. Meine Aufmerksamkeit war ebenso von vielen offenen Fragen begleitet – die auch nicht wirklich weniger wurden. Mein Interesse wuchs quasi pro Lebensjahr und so kam ich nicht darum herum, mich immer wieder bewusst hinzusetzen, nachzuforschen, hinzuspüren, wahrzunehmen. Ist es nicht oft so, dass oft genau deshalb gelehrt wird, um zu vertiefen, um selber beständig weiter in der Materie zu forschen? Da ich denke, dass der Einklang dieser zwei Polaritäten, Geben und Nehmen, von essentieller Wichtigkeit für unser Sein, unser Leben und unsere Erfüllung ist, will ich mein „Studium" so gerne mit dir teilen.

> *„Der Lehrer und der Lernende erschaffen gemeinsam die Lehre."*
> (Sprichwort aus dem Osten)

Meine Fragen kreisten vor allem um die für das Auge unsichtbaren, tief hinter der scheinbaren Oberfläche liegenden Prozesse. Was ist die richtige Menge und was sind die richtigen Zutaten für ein für alle gleichermaßen ausgewogenes Rezept? Was sind die Faktoren, die alles versalzen oder zu süß werden lassen? Wie findet man eine harmonische Balance, die allem und allen dienlich ist? Und vor allem war es jene

Frage, die immer wieder zu mir zurückkehrte: Gebe ich mir, während ich dir gebe und wenn ja, wie und was gebe ich dabei mir?

Ich habe zu diesem Thema viele Vorbilder in meinem Leben kennengelernt. Menschen, die sich selber und andere gleichsam versorgen, die nie jemanden benachteiligen und anderen gaben und gleichzeitig sichtbar selber zur schönsten Blume erblühten. Aber haben diese Meister des Gebens tief in ihnen auch ein ebenso entsprechendes Nehmen verspürt? Jene harmonische, allem dienende Balance, wenn im Garten des Lebens Gärtner & Blumen eins sind? Wenn ich solch eine gelebte Hingabe glaubte gefunden zu haben, beobachtete ich diese immer wieder mit Staunen und war von dieser reinen Form der Liebe tief ergriffen und inspiriert. Ein solches Vorbild war mir Zeit ihres Lebens meine Oma, die Zeit ihres Lebens niemals ermüdete, am glücklichsten zu sein, wenn sie anderen geben konnte.

Ebenso kenne ich aber auch Beispiele, bei denen die Ausprägung in einem Ungleichgewicht ausuferte, bei denen das Meer den Boden bei Ebbe regelrecht ausgetrocknet zurückließ und ihn wiederum mit seiner größten Stärke überflutete und damit alles erstickte. Ein metaphorischer Vergleich für Menschen, die für andere alles gaben und dabei selber verhungerten.

Auch ich machte selber die Erfahrung, dass mein Geben nicht immer stimmig war und ich mit dem Nehmen wiederum noch ein Thema hatte, dass ich die Bedürfnisse anderer vor meinen stellte oder wiederum nicht um Zuwendung fragte, wenn ich sie brauchte. Vielleicht kennst du das auch?

In diesem Buch versuche ich die aufgeworfenen Fragen zu beantworten und aufzuzeigen, wie wir Hand in Hand in Balance friedvoll, liebevoll und kraftvoll miteinander in harmonischen Austausch geben und nehmen können.

Kannst du dir vorstellen, dass es etwas (oder auch Mehreres) gibt, das du ins nächste Leben mitnehmen kannst? Nein? Ok, dann werde ich Dir ein offenes Geheimnis, das allerdings den wenigsten bewusst ist, verraten. Es sind allerdings keine physischen Dinge (wie Geld, Haus, Firma, Auto, Schmuck oder ein Pool), sondern es sind immaterielle Dinge, die du durch gute Taten durch dein Geben erschaffst, wie etwa durch uneigennütziges Dienen oder Spenden. Aber es beginnt schon bei etwas viel Subtilerem, Kleinerem, wie etwa „nur" einem wohlwollenden Gedanken für deinen Gegenüber. Daher rate ich dir: Tausche Grübeln gegen Wohlwollen ein! Dies ist nicht nur für deinen Gegenüber wertvoll und guttuend, sondern auch besonders für dich, da gute Taten gute Energien und daher gute Ereignisse in dein Leben ziehen lassen. Beginne am besten bei Menschen, mit denen du vielleicht noch nicht so gut kannst oder mit denen noch Disharmonien bestehen und formuliere folgendem inneren unsichtbaren Gedanken: „Friede sei mit Dir".

Aber auch das (An)nehmen, das, was dir von Herzen gegeben wird, ist gleichermaßen wichtig. Vergiss Phrasen wie „Geben ist seliger denn Nehmen", denn wenn Anzunehmen schlecht wäre und niemand annehmen würde, könnte auch kein Mensch jemandem je etwas geben. Außerdem ist das Annehmen für dein „Selbstwertgefühl" bis hin zu deiner Selbsterkenntnis von äußerster Bedeutung, um dich von deinem „Ich" mehr und mehr deinem wahren Wesenskern, deinem wahren Selbst, anzunähern. So kommunizierst du dem kosmischen Feld wie folgt: „Ich bin es wert, die Gaben anzunehmen". Dann passiert mit der Zeit etwas Wunderbares, denn dann wird dich auch die Welt um dich herum als wertvoll ansehen und sich entsprechend verhalten.

Alles ist Energie, und das schließt auch die wohlwollenden Gedanken mit ein. Wird man aber physisch tätig, wie zum Beispiel beim physischen Geben, ist das noch einmal etwas ganz Besonderes und ausgezeichnet für dein zukünftiges Leben. Immer fließen Energien als ein Austausch bzw. Ausgleich hin und her. Geben ist gleichzusetzen mit guten Taten und jede gute Tat wird dir in deinem unsichtbaren Karma-Konto gutgeschrieben. Das heißt: Alles fließt, wenn es auch noch so klein ist, irgendwann wieder zurück zu Dir. Bei oftmaligen Wiederholungen werden alle diese Taten irgendwann in Summe auch eine große Wirkung entfalten, so wie der berühmte Tropfen den einen Stein aushöhlt.

Auch wenn es Vielen noch immer nicht bewusst ist: Alles ist mit allem verbunden. Und so ist es schlussendlich nur logisch, dass sich auch durch dein Geben eine wunderbare Wirkung auf dich und dein Leben entfalten wird. Das, was du gibst, wird deine Lebensqualität in allen Bereichen verbessern. Denn das Wesentliche ist für die Augen unsichtbar. Gratulation an Manuela für dieses großartige, inspirierende Werk!

Walter Baumgartner

Autor von *Karma & Glücklich leben*

www.walterbaumgartner.com

Ich möchte dir zu Beginn eine Frage stellen: „WOZU liest du dieses Buch?" Vielleicht fühlt sich diese Frage etwas unangenehm für deinen Verstand an, doch ich möchte dich einladen, ein wenig mit dieser Frage zu verweilen. Normalerweise tauchen dazu Gedanken auf, die einen Sinn darin erkennen, ein Vorhaben, eine Vorstellung von dem, was dann passiert, wenn du das Buch fertig gelesen hast. Wirst du etwas haben davon? Werden vielleicht sogar andere Menschen etwas haben davon? Wie bereit bist du, dich auf Manuelas Gedanken und Beschreibungen einzulassen? Ich lade dich ein, dieses Buch auch zu fühlen. Damit meine ich, dass du DICH gut beobachtest während des Lesens, was es mit dir macht UND … was deine vorrangigen Gedanken über das Gelesene sind. Denn dann lernst DU DICH besser kennen. Deine momentanen oder bisherigen Gedanken und Vorstellungen über die hier angesprochenen Themen … vielleicht sind auch Themen dabei, mit denen du dich noch gar nicht oder kaum beschäftigt hast. Lass es einfach auf dich wirken - vielleicht schaffst du es ja sogar, wie ein kleines Kind zu lesen, so, als würdest du etwas völlig Neues hier entdecken.

Was dir gut tut und sich gut anfühlt nimm dir bitte mit. Wo du Widerstände spürst, versuche zu erkunden, woher diese kommen und vergleiche was für dich momentan „wahrer" ist.
Denn dann bist du ein Suchender, ein Entdeckender … jemand, der sich auf eine wunderbare Reise einlässt. Auf eine Reise in ein friedliches,

freudvolles, glückliches Leben. Wahrscheinlich ist das der Hauptgrund, warum genau dieses Buch zu dir gelangt ist!

Möge dein Vorhaben gelingen!

Es ist mir eine Ehre, liebe Manuela, in diesem Buch einen kleinen Beitrag leisten zu dürfen - viel Erfolg auf deinem Weg.

Manfred Rauchensteiner
Emotionstrainer, Glücksforscher, Autor, Speaker
http://www.rauchensteiner.at/

PROLOG

Ich möchte dich gerne mit Fragen auf dieses Buch einleiten. Sie sollen deiner eigenen Reflexion dienen, einem in-dich-Hineinlauschen und dich in das Thema einstimmen.

- *Wie stehst du selber zum Thema Geben & Nehmen?*
- *Welche ersten Gedanken kannst du wahrnehmen, wenn du über eine ausgewogene Balance von Geben & Nehmen nachdenkst? Welche inneren Stimmen hörst du oder welche Paradigmen tauchen gleich auf?*
- *Was wurde dir dazu in deinem bisherigen Leben mitgegeben und was davon begleitet heute dein Geben & Nehmen?*
- *Kannst du gut nehmen bzw. erlaubst du es dir stimmig, fließend, entsprechend?*
- *Was gibst du deinen Menschen und deiner Umwelt um dich herum?*
- *Wie ist es auf der Welt um Geben & Nehmen bestimmt? Und wo finden sich Ansätze, dies zu optimieren bzw. wo könntest du (d)einen entsprechenden Beitrag leisten?*

EINLEITUNG: DO, ERGO SUM

„Du bist, was du denkst", lehrte Buddha 500 v.Chr. den Samen all unseres gegenwärtigen und zugleich zukünftigen Seins: unsere Gedanken. „Cogito, ergo sum": „Ich denke, also bin ich", fasste auch der französische Philosoph René Descartes im 17. Jahrhundert zusammen, als er alles im Außen „abschaltete" (Meditation praktizierend) und erkannte, dass da noch immer etwas lebendig war: Gedanken. Er schlussfolgerte, dass das, was wir sind, ergo unsere Gedanken sind.

Dass dies nicht der Weisheit letzter Schluss ist, vertieften andere „Forschende" in ihrer meditativen Praxis: Die tiefergehenden Weisheiten vieler fernöstlicher Lehren, die Spiritualität, die Parapsychologie, die Reinkarnationslehre, Ansätze einer universellen Bewusstseinsstruktur und freilich auch das Verständnis um ein Höheres Selbst zeigen unser Sein differenziert von unseren Gedanken auf.

Spiritualität

Spiritualität bezieht sich auf Geistiges im Gegensatz zum rein rationalen Denken. Ebenso unterscheidet es sich von einer rein materiellen Körperlichkeit. Spiritualität bezieht sich auf das subjektive Sinnerleben sowie es vor allem um die Verbindung zum Göttlichen bzw. zum Transzendenten – fernab jeglicher Religion bzw. Konfession - geht, in dem Bewusstsein, dass unser Menschsein seinen Ursprung in einer göttlichen bzw. höheren Wirklichkeit hat.[1]

---

[1] Stangl, W. (2022, 2. Mai). Spiritualität . Online Lexikon für Psychologie und Pädagogik. https://lexikon.stangl.eu/16595/spiritualitaet.

Parapsychologie

Die Parapsychologie beschäftigt sich, als Teilgebiet der Psychologie, mit Übersinnlich bzw. übernatürlich Scheinendem.

Gedankenimpuls: Hand aufs Herz! Wie oft hast du schon übernatürliche Eingaben oder Wahrnehmungen erlebt, die mit deinem reinen rationalen Verstand nicht erklärbar waren und für dich dennoch eine spürbar „reale" Wahrnehmung waren?

Reinkarnation

Reinkarnation, aus dem Lateinischen „Wiederfleischwerdung" bezieht sich auf den Glauben, dass unsere irdische, menschliche Existenz nicht an eine, diese, singuläre irdische Existenz geknüpft ist, sondern, dass wir – je nach Anschauung, vgl. dazu Buddhismus bzw. Hinduismus – wieder und wieder geboren werden.

Gedankenimpuls: Was glaubst du? Du, mit all deinen Wünschen, Begabungen, Talenten, Träumen und Zielen, bist du nur dieses eine Mal hier, oder gibt es da mehr, hinter und vor dir, um dich entsprechend deines ganzen Seins ganzheitlich zu erleben?

> *»Als ich meine Seele fragte, was die Ewigkeit mit den Wünschen macht,*
> *die wir sammelten, da erwiderte sie: Ich bin die Ewigkeit!«*
> (Khalil Gibran)

Universelle Bewusstseinsstruktur

Vor allem der Biologe Sheldrake prägte den Begriff „morphogentische Felder". Rupert Sheldrake, britischer Autor und Biologe, beschreibt in seinem Werk „Die Theorie des morphogenetischen Feldes"[2] die sogenannten morphogenetischen Felder. Darunter werden unsichtbare

---

[2] Sheldrake, Rupert, 1981: A New Science of Life. Los Angeles; dt.: Das schöpferische Universum. Die Theorie des morphogenetischen Feldes. München, 1983.

Energiefelder, durch die Lebewesen miteinander verbunden seien und energetische Information transportieren würden, verstanden.

Gedankenimpuls: Wie findest DU das? Merkwürdig? Selbstverständlich? Den Tieren schreiben wir alle diese Eigenschaften zu, z.B. die Orientierung auch ohne Landkarte und Kompass. Kennst *du* vielleicht ähnliche, menschliche Erlebnisse?

Zum **Höheren Selbst**, als Übergeordnetes zu unserer irdischen verkörperten Persönlichkeit, kommen wir an späterer Stelle ohnehin noch ausführlich, hab hier bitte noch (gerne gespannte) Geduld.

Auch dieser in diesem Buch vertretene Ansatz „Du bist, was du gibst!" reiht sich hier ein und will unser Sein fortgesetzt durch unser Geben, im Sinne unserer gebenden Handlungen, näher beleuchten. Wir sind schließlich erfahrende Wesen und auch genau aus dieser übergeordneten Absicht hier.

„Wir sind keine menschlichen Wesen, die spirituelle Erfahrungen machen. Wir sind spirituelle Wesen, die eine menschliche Erfahrung machen."
(P. T. Chardin)

Wenn wir nun also unsere Handlungen näher betrachten, erforschen wir diese vor allem auf ihren „gebenden" Charakter in der Grundannahme, dass unsere Handlungen fast immer gebend *und* intendiert sind, also aus einer bestimmten Absicht heraus. „Lateinisiert" würde dies dann so klingen: „Do, ergo sum", was ins Deutsche übersetzt bedeutet: Ich gebe, also bin ich. Über unser kognitives Verstandesinstrument hinaus möchte ich mit dir gemäß unseren Handlungen unser Erfahrungsinstrument, unseren Körper im Einsatz, verstehen, nämlich genau dann, wenn er in Bewegung ist, im Tun, wobei hier Tun immer in Verbindung mit dem gebenden Element zu verstehen ist und eben vom reinen, absichtslosen Geben differenziert wird. Darauf, dass im Geben nicht nur unser Körper im Einsatz ist, sondern auch unser Geist und unsere Seele *und* unsere Energie (wir sind Energiekörper[3]!) durch ein Geben und Nehmen in ständigem Austausch, werden wir später noch eingehen.

Dieses Buch untersucht also die *Wirkung* unserer Gedanken, jenes ursprünglichen Ursprungs: unsere Handlungen. Handlungen beziehen sich einerseits auf all das, was wir mit unserem irdischen Kleid, unserem Erfahrungsinstrument, unserem Körper wahrnehmen: Das betrifft all unsere Sinne, all das, was wir sehen, all das, was wir hören, all das, was wir schmecken und riechen und all das, was wir fühlen. Handlungen beziehen sich andererseits ebenso auf alles, was wir sagen, sprechen, kommunizieren, auf alles, was wir mit unseren Händen berühren oder formen, wie unser Blut durch unsere Blutbahnen fließt, all das, wie sich unser Körper regt, wenn wir atmen, und auf alles, was wir durch unsere Gedanken zum Leben erwecken und damit erschaffen.

Mit all diesen Wahrnehmungen gehen wir jedoch meist reaktiv um und werden so zu Handelnden und sind dann nicht länger gleichmütig

---

[3] Vgl. mehr zur Energielehre z.B. die TCM (Traditionell Chinesische Medizin).

Wahrnehmende. Unsere Erfahrungen erleben wir seltenst in Gleichmut - einem ruhigen und leidenschaftslosem Zustand[4] -, sondern zumeist (be-) urteilend und so geben wir (uns) erneut nämlich auch in diesen Wahrnehmungen. Siehst du mit einem verliebten Blick, dann gibst du dir „Schmetterlinge im Bauch", Regungen, die biochemische Prozesse in dir hervorrufen, Regungen, die *du* dir so gibst. Oder: Du nimmst einen Geruch wahr und urteilst mit Ekel, dann fährt ebenso dein gesamtes konditioniertes „Ekel-Programm" in dir hoch und du produzierst dadurch entsprechende Handlungen (Abwehr, Abneigung, Ablehnung, Übelsein, etc).

Dieses Buch begleitet dich in sechs Kapiteln durch das Thema:

1. Im ersten sehen wir uns an, welche Ansätze und Auffassungen zum Thema Geben & Nehmen rund um uns und um die Welt zirkulieren. Dabei durchforsten wir sowohl die Bibel als wir auch in den Osten zur Karma-Philosophie reisen.
2. Im zweiten Kapitel nehmen wir die Prozesse, die während des Gebens (zum Teil unbewusst) mit dabei sind, genauer unter die Lupe. Wir starten bei unseren Gedanken und vollenden mit der Liebe.
3. Im dritten Kapitel suchen wir die Balance zwischen jenen beiden Akten.

---

[4] Vgl. www.duden.de, Stichwort: Gleichmut.

4. Im vierten Kapitel sind es die geistigen Gesetze, die die universelle Harmonie rund um das Geben & Nehmen bestimmen, die wir hier näher betrachten.

5. Im fünften Kapitel begegnen uns verschiedene Worte, die so manchen Aufschluss rund um alles Gebende aufzeigen.

6. Das sechste Kapitel schließlich dient als „Lösungsteil", in dem ich dir aufzeigen möchte, wie du ein für dich stimmiges Geben & Nehmen in dein Leben transferieren kannst.

7. Das letzte, siebte Kapitel dient als Bonusteil. Hier erwarten dich Affirmationen, alle Zitate aus dem Buch sowie ein „Geben & Nehmen-Check".

Jedes Kapitel endet mit einem Memo, in dem die wichtigsten Eckpunkte daraus für dich zusammengefasst sind. So lässt sich auch später noch einmal ganz bewusst und leichter nachschlagen.

Ich wünsche dir jetzt eine angenehme Lektüre, gewinnende Impulse und danke dir, dass du da bist!

PS: Da deine Seele es ist, die hier angesprochen wird, ist das Buch in der Du-Form verfasst.
PPS: Davon ausgehend, dass wir alle eins sind, wird bewusst auf eine gendergerechte Sprache verzichtet.

1. DIE AUSGANGSLAGE: BESTEHENDE KONZEPTE

Wir alle werden als freie Lebewesen mit Schöpferkraft und Göttlichkeit geboren. Ehe wir uns diese für unseren und den Frieden der Welt zu eigen machen, unterliegen wir schon all den Prägungen, Konditionierungen und Glaubenssätzen und verlieren uns in Trennung und vergessen die Einheit allen Seins, das Gewahrsein, dass Subjekt und Objekt immer eins sind.

Exkurs Physik:
Der Beobachter ist in der Physik derjenige (Gerät oder Person), der ein Phänomen bzw. ein Experiment („das Beobachtete") „im Ruhesystem" beobachtet. Eine Annahme der Quantentheorie wiederum lautet, dass durch diesen Vorgang der Beobachter Einfluss auf das Geschehen nimmt. Hierzu sei auch auf die wichtige Prämisse *„Die Energie folgt der Aufmerksamkeit"* verwiesen. Vertiefend dazu eignet sich Literatur vom Physiker und Nobelpreisträger für Physik Werner Heisenberg (1901 – 1976).

Uns nach meist jahrelanger Abwesenheit durch Unbewusstsein wieder zu erinnern, ist eine Wiedergeburt in ein und derselben Inkarnation und kann als „geistige Geburt" – die Erinnerung um die Selbsterkenntnis – bezeichnet werden. Sie ist bereits die fünfte Geburt in unserem Dasein: Der ersten, der Zeugungsakt, der uns hierherbringt, folgt die eigentliche Geburt. Eine weitere geschieht um den dritten Geburtstag, wenn wir uns nicht mehr als Inkarnation wahrnehmen, sondern uns mit „ich" identifizieren. Die vierte Geburt geschieht in unserer Pubertät, wenn wir uns eine neue, eigene Identifikation geben. Und irgendwann dürfen alle

Schleier wieder abgelegt werden und unsere wahrhaftige „Ent-Wicklung"
zur geistigen Geburt darf sich vollziehen.

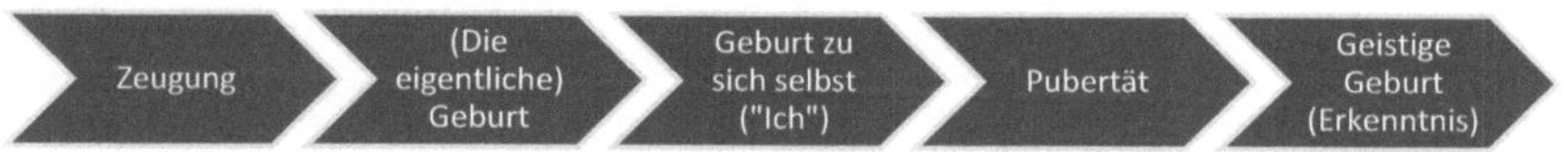

Abbildung 1: Die 5 Geburten

Zu den uns steuernden Konditionierungen ist auch das Geben als
automatisiertes Programm in uns angelegt, zumeist eng verknüpft mit
Egoismus, Altruismus, Selbstwert und Dienen. *„Geben ist gut, Nehmen
ist schlecht"*, so in etwa lautet die Zusammenfassung vieler damit
einhergehender Glaubenssätze, die allesamt jene beiden Polaritäten
trennen und die Einheit – wie immer bei den Glaubenssätzen –
missachten. Schauen wir uns das in diesem Kapitel näher an: Wie ist das
Verständnis in unserer Welt zum Thema Geben angesiedelt?

1.1. DAS SOZIALE GRUNDBEDÜRFNIS

Leben   ist   Geben!

Dass wir gebende Lebewesen sind, hat zum einen mit einer der herausragendsten Charaktereigenschaften von uns Menschen zu tun, nämlich damit, dass wir soziale Wesen sind. In einem sozialen Gefüge zu leben bzw. sich zu bewegen, ist ein menschliches Grundbedürfnis und ein solches soziales Gefüge ist eben durch einen beständigen Kreislauf von Geben & Nehmen bedingt. Wenn ein Mensch zur Welt kommt, ist er abhängig von den gebenden Strukturen in seinem Umfeld. Im Laufe seines Lebens wandelt sich jenes abhängige Nehmen wie die Jahreszeiten nach einem Höhepunkt an Autonomie, Selbstständigkeit und Unabhängigkeit in altruistisches Geben, indem wir unseren eigenen Eltern nun oftmals so helfen, wie sie einst uns als kleine Kinder versorgt haben.

> „*Wahrlich, ich sage euch: Wenn ihr nicht umkehrt und werdet wie die Kinder, so werdet ihr nicht ins Himmelreich kommen.*"
> (Matthäus 18:3)

So begleitet uns dieses Wechselspiel zwischen Geben & Nehmen unser gesamtes Leben lang. Dabei prägen uns die Erfahrungen rund um unsere Bedürfnisse in unserer frühen Kindheit hinsichtlich einer gesunden Balance von Geben & Nehmen in unserem weiteren Leben sehr und führen zu den verschiedensten Ausuferungen durch gewählte Schutz- bzw. adaptive Überlebensstrategien: Opferdenken, Rückzug,

Vermeidung, Hilflosigkeit, Kindbleiben, Perfektionsstreben, Harmoniestreben, Sucht, Macht- und Kontrollstreben, Fordern, etc. Wie harmonisch und ausgeglichen wir uns im Feld der Polaritäten Geben & Nehmen bewegen, hängt von diesen Erfahrungen in der Kindheit bzw. der im Erwachsenenalter entwickelten Selbstverantwortung maßgeblich ab.

Ist unser Geben wirklich immer gleich jenem altruistischen, reinen Geben und wie gelingt die gesunde Balance von Geben & Nehmen? Diese Frage wird uns in den nächsten Kapiteln beschäftigen. Doch werfen wir zuerst einen Blick in die diversen Ansätze, die es rund um das Thema Geben & Nehmen gibt.

1.2.   DIE ROLLE VON MANN UND FRAU

Da ich es wichtig finde, dass hier alle Konzepte zu unserem Thema Betrachtung finden – bevor wir uns im Lösungsteil der Einheit entsprechend gleichermaßen für alle widmen – sind an dieser Stelle auch die geschlechtertypischen Stereotypen zumindest kurz hereinzuholen.

Über die Rollen und Rollenbilder gibt es aus den letzten Jahrzehnten viel Literatur, Untersuchungen und wissenschaftliche Studien. Gerade die Rolle der Frau unterlag in den letzten drei Jahrzehnten einem signifikanten Wandel. Während die Frau früher für die Kinder(erziehung) und den Haushalt zuständig war, erreichte – auch dank der etablierten Frauenrechte - der Drang nach Selbstverwirklichung und beruflicher Karriere ebenso die Frauen. Die Frage nach einem ausgewogenen Verhältnis zwischen der ursprünglichen Rolle und diesem neuen Trend uferte in einer regelrechten Verschiebung des Kernfamilien-Konzeptes aus. Ich behaupte zu sagen, dass diese Strukturen sich im heutigen Verhalten und den Entwicklungen unserer Kinder widerspiegeln. Einem ausgewogenen Verhältnis oder Konzept dieses Gebens scheint es bis heute zu mangeln.

Oberflächlich könnte man meinen, dass es gerade die Frau sei, die einem lebenslangen Geben regelrecht ausgeliefert ist: Haushalt, Kinder, Erziehung, Wäsche, Kochen, Putzen und so weiter. Ausgeliefert dahingehend, dass sich mithin nicht bzw. weniger dem eigenen Selbst hingegeben werden kann. Daran vermochten auch all die Emanzipation-Bewegungen nicht wirklich etwas zu verändern. Oberflächlich deshalb, weil es dem männlichen Geschlecht nicht anders ergeht. Auch wenn diesem klassischerweise all jenes nicht zu geben zugeschrieben ist, so obliegt dem Mann unterbewusst seit jeher die Rolle und der Druck zu sorgen, zu versorgen, zu beschützen, zu bewachen und in alle dem lückenlos zu „liefern". Es ist also auch hier ein beständiges Geben und somit ein, in diesen Konstrukten, beiderseits konditioniertes Geben, welchem die Priorität weit vor allem Nehmen gegeben wurde und wird.

Übrigens: Ich liebe die Ausführungen von Neale Donald Walsch in seiner wunderbaren Trilogie „Gespräche mit Gott"[5], in denen er hervorkehrt, dass überhaupt die in unserer modernen Zeit typisch gelebten „Familienkonstrukte" nicht natürlich sind. Walsch beschreibt stattdessen, dass die Kindererziehung nicht jungen Eltern, sondern den Älteren obliegen sollte. Ich empfehle dir hierzu das 3. Band mit den einschlägigen Seiten 575 – 586 in der Gesamtausgabe.

Schlussendlich ist es für mich wichtig im Ergebnis festzuhalten, bei allem Respekt gegenüber der Daseinsberechtigung entsprechender Literatur und Beschäftigung mit den einzelnen Geschlechtern, Pflichten, Herausforderungen und Rollenbildern für ein gleichberechtigtes Miteinander, dass ein Geben & Nehmen in Balance, mit all seinen Verstrickungen, Herausforderungen, Glaubenssätzen,

---

[5] Walsch, Nelae Donald: Gespräche mit Gott, Arkana, 2009.

Konditionierungen, Prägungen, Hoffnungen, Sehnsüchten und Wünschen gleichermaßen alle betrifft.

1.3. AUS DER BIBEL

In der Bibel finden sich einige Passagen zur Gabenkultur. Die Quintessenz, wie überwunden werden kann, sich nicht länger als der zu fühlen, der leer ausgeht, wird im Lukas-Evangelium in einem Satz zusammengefasst:

> *„Gebt, so wird euch gegeben werden."*
> *(Lukas 6:38)*

Hier erfolgt bereits der Verweis auf den unmittelbaren Zusammenhang von Geben & Nehmen. Die tiefere Offenbarung dieser Aufforderung neben der oberflächlich möglichen Interpretation über ein intendiertes Geben erfolgt im 6. Kapitel. Mag dieser Appell hier erst einmal als Inspiration für dich wirken.

Auch in der „Goldenen Regel", die Geben & Nehmen dahingehend ineinandergreifend ausdrückt, als dass beide Pole unmittelbar aneinander und ungetrennt voneinander gekoppelt sind, drückt sich die Wechselwirkung von Geben & Nehmen aus:

> *„Und wie ihr wollt, dass euch die Menschen tun sollen,*
> *das tut auch ihr ihnen!"*
> (Lukas, 6, 31)
>
> *„Alles nun, was ihr wollt, dass euch die Leute tun sollen,*
> *das tut ihr ihnen auch!"*
> (Matthäus 7,12)

Die Bibel belegt auch, wie wir geben, nämlich als Schöpfer in der Schöpfung.

> *„Und Gott erschuf den Menschen als sein Bild,*
> *als Bild Gottes erschuf er ihn; ...»*
> (Genesis 1,26-27)

Dies mag oberflächlich so scheinen, als dass wir (uns) also alles geben können, was wir wollen, beinhaltet jedoch ebenso den freien Willen, unbeabsichtigt zu geben (keine Sorge, dazu kommen wir noch), was wiederum das Göttliche ist, das hier zum Ausdruck gebracht werden will.

Die Bewusstseinsforschung und die Erkenntnislehren kommen zu demselben Schluss, nämlich, dass (immer) wir es selber sind, die unser Leben erschaffen und dadurch entsprechend wählen, wie wir vom Leben empfangen/nehmen. Hierzu erwartet dich noch mehr im 4. Kapitel „Exkurs: Die geistigen Gesetze".

Gedankenimpuls: Inwieweit bist du dir deiner Göttlichkeit bewusst? Wie erlebst du deine Göttlichkeit? Wie erlebst du die Göttlichkeit deines Nächsten?

> *„Ich erkenne den Gott im Anderen."*
> (Kurt Tepperwein)

1.4.   KARMA

> *„Wie man in den Wald hineinruft, so schallt es heraus."*
> (Sprichwort)

Karma ist die Lehre, die die vor allem im Buddhismus und im Hinduismus die prägende Säule des religiösen Glaubens bildet. In der Karmalehre wird davon ausgegangen, dass es nicht etwa Schicksal, höhere Gewalt oder Macht ist, nach der „Zufälle" unseren Lebensweg leiten, sondern die zurückgekehrte Energie in Form von Erlebnissen, Wahrnehmungen und Erfahrungen (passiv oder aktiv), die wir eines Tages verursacht haben. Dabei kann sich „eines Tages", entsprechend der ebenso hier verankerten Reinkarnationslehre, nicht nur auf einen Zeitpunkt in diesem Leben beziehen, sondern ebenso auf ein vergangenes Vorleben.

Die Vorstellung von Karma ist dabei sehr subtil, sodass Karma, um die Brücke zu unserem Thema zu schlagen, dabei nicht Reaktion unseres Scheins in der Außenwelt ist, sondern genau mit der von uns ausgesandten Energie kongruent (wieder) einhergeht. Wenn wir beispielsweise zum Schein lächeln oder gratulieren, in uns aber neidvolle Gedanken und Emotionen angesiedelt sind, ist es nicht das gute Karma eines etwa liebevollen Mitfühlens, das uns eines späteren Tages in entsprechender Form wieder heimsuchen wird, sondern jenes, das zu unserer ausgesandten Energie (in unserem Beispiel Neid) passt.

Die Karmalehre verbindet Ursache und Wirkung, wobei Geben die Ursache und Nehmen die Wirkung ist. Allerdings kann es auch dein

Nehmen durch dein Reagieren sein, was entsprechend wieder dazu führt, was dir vom Leben gegeben wird. Ausgangspunkt ist das Verständnis, dass du immer genau jenes empfangen wirst, was du gegeben (ausgesandt) hast, wobei dies eben auf der wahrhaftigen und nicht der äußeren Ebene basiert. Dein Nehmen (= deine Erfahrungen) wird entsprechend deines wahren Gebens (= dein Reagieren) zu dir zurückkommen.

> *„Die Absicht, andere glücklich zu machen, bindet gutes Karma, und die Absicht, andere zu verletzen, wird schlechtes Karma binden. Karma wird nur durch die Absicht gebunden, nicht durch Handlungen. Die äußerlichen Handlungen mögen gut oder schlecht sein. Das bindet kein Karma. Was die Gebundenheit an Karma verursacht, ist die innere Absicht. Deshalb sei dir deiner inneren Haltung bewusst und verdirb sie dir nicht. Die äußerlichen Taten sind alles Auswirkungen."*[6]
> (Bhagwan Dada)

Die Karmalehre ist hierbei auch unheimlich tröstlich, denn nach ihr ist es nicht Gott, der über dich urteilt oder richtet und es gibt somit auch niemals ein Ungleichgewicht oder eine Unfairness, es wird dich immer genau „nur" jenes erreichen, dass du entsprechend ausgestrahlt hast.

Wie die Dinge genau ineinandergreifen, ist bei Interesse selbstverständlich und auch empfohlenerweise in den Karmalehrbüchern

---

[6] Bhagwan, Dada: Die Wissenschaft von Karma, 2014, S. 28, zum Download auf: https://www.dadabhagwan.de/books-media/books/German/.

weiterführend zu vertiefen.[7] In diesem Werk erwarten dich noch dazu einschlägige Exkurse im 2. und 4. Kapitel.

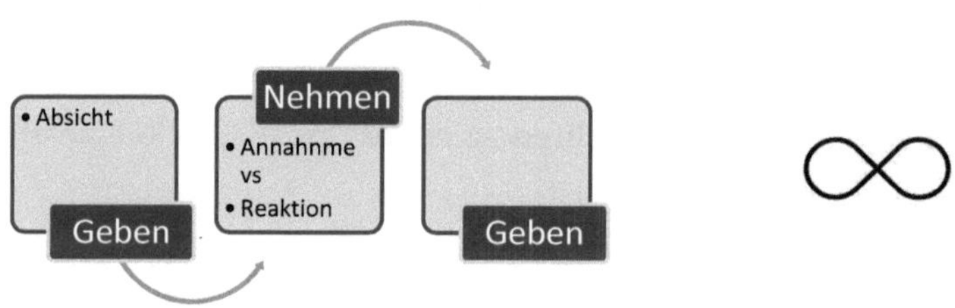

Abbildung 2: Kreislauf von Geben & Nehmen

---

[7] Empfehlung: Baumgartner, Walter: Karma und Glücklich leben, 2020, Spirit Rainbow Verlag.

1.5.   (KARMA) YOGA

Auch in der Yogalehre findet sich der Karma-Aspekt wieder. Was hat denn diese vermeintliche Körperkunst damit zu tun?

Yoga hat den weit verfehlten oberflächlichen Ruf, dass es sich dabei nur um komische verdrehte Körperhaltungen auf einer Matte handeln würde. Dies jedoch würde in der Tat nicht annähernd und ausreichend beschreiben, was Yoga wirklich ist. Ein kurzer Ausflug:

Yoga begann sich vor ca. 5.000 Jahren in Indien zu entwickeln. Obwohl das dahinterstehende Konzept vielen „Yogis" als spirituell und heilig gilt, v.a. im östlichen Raum, ist Yoga keine Religion. Im Westen wurde diese Tradition spätestens in den 1980er-Jahren durch indische Yogis bekannt, die zur Verbreitung ihrer Lehren nach Amerika reisten, darunter z.B. Swami Vivekananda.

Der Begriff „Yoga" steht in seiner Bedeutung für „Verbindung" und weist insofern schon darauf hin, dass es sich nicht nur auf einen einzigen Aspekt, wie etwa den körperlichen, bezieht. Yoga fußt u.a. auf Techniken, die Geist und Körper gleichermaßen dienen („verbinden"), es beinhaltet zudem auch ein großes Philosophiesystem[8], sodass unmittelbar erfahrbar werden kann, was „Herz über Kopf" bedeutet. Im Alltag tragen wir unseren Kops stets über unserem Herzen, auch im

---

[8] vgl. Patanjali: Das Yogasutra: Von der Erkenntnis zur Befreiung, Theseus, 2013.

übertragenen Sinn. Yoga schafft einen Ausgleich, was bei vielen grundlegenden Stellungen des Hatha Yoga deutlich wird, die oft genau umgekehrt aufgebaut sind (z.B. die Asanas Schulterbrücke, Kamel und Kopfstand). Wer seinem Herzen näher sein möchte, dem sei auch hier wieder empfohlen, Yoga zu praktizieren.

Aus dem ursprünglichen Yoga haben sich 5 große Wege entwickelt, darunter eben das bekannte „Körperhaltungen-Yoga", nämlich das Hatha Yoga, und darunter eben auch das sog. Karma Yoga. Karma Yoga ist der Weg der Handlungen, diese werden in Yamas (Verhaltensregeln für ein harmonisches Zusammenleben mit allen anderen Wesen) und Niyamas (Verhaltensregeln zur Erreichung eines Zustands der tiefen inneren Balance mit sich selbst) untergliedert. Karma Yoga bedeutet selbstlosen Dienst an der Menschheit, wobei der wichtigste Gesichtspunkt ist: Dienst an der Menschheit ohne Ichdenken oder Bindung. [9] Was bedeutet also Karma-Yoga für das Geben & das Nehmen?

Dienend reinigst du dein Herz, ein reines Herz ist das, was hier der Mittelpunkt allen Dienens ist. Karma Yoga ist also ein Reinigungsprozess, der das Herz in diesem Dienst (bzw. dieser Art zu sein bzw. zu geben) immer weiter werden lässt. Und je weiter das Herz wird, desto mehr gelangst du zu der Erfahrung, wie und dass alles eins ist. Du erkennst das Eine in allem. Dienst du, gibst du reinen Herzens und es verschwinden

---

[9] Mehr zu Karma Yoga siehe: "Die ersten Stufen des Yoga" von Swami Sivananda, Büdingen-Gettenbach. Lebensweiser-Verlag, 1955.

alle unheilsamen Gefühle, Emotionen, Erfahrungen, wie etwa Habgier, Eifersucht, Neid. Diese finden keinen Boden in deinem so wahrhaftigen Geben.

<u>Gedankenimpuls</u>: Wo und wie kannst du Karma Yoga praktizieren?

1.6.   DEIN SOSEIN

Natürlich, wie könnte es anders sein, will ich auch hier Kurt Tepperweins Lehre als Anschauung zu unserem Thema mit dir teilen und nicht unerwähnt lassen, im Gegenteil, dieser als krönender Abschluss, als Meisterstufe („Leben in Mastermind") Platz geben.

Nicht mehr Ursachen zu setzen, um entsprechende Wirkungen im Leben zu manifestieren, sondern selber durch sein Sosein die Ursache für ein harmonisches und stimmiges Leben beständig zu sein, lehrt Kurt Tepperwein.

Selbstverständlich ist der Ansatz, nicht mehr Ursachen zu setzen, sondern selber die Ursache zu sein, nicht rein Kurt Tepperweins Lehre, sondern die all jener, die dies entsprechend als Wahrheit, Heilung und Befreiung allen Leidens (vgl. hier auch Buddha) erfahren haben. Kurt Tepperwein jedoch, im hohen Alter von 92 Jahren, ist *der* Mensch unserer aktuellen Zeitgeschichte, der sich dessen am meisten von allen widmet, in der Hinsicht, dies für (uns) alle zugänglich zu machen. Dieser allumfassenden Weisheit möchte ich hier jedoch nicht vorgreifen, bitte warte noch ein bisschen, nämlich bis zum letzten Kapitel. Gib uns noch ein bisschen Zeit, den Boden zu ebnen.

Gedankenimpuls: Was macht dein Sosein aus und was wäre dein ideales Sosein?

Ein Memo für dich zu Kapitel 1

1. Als Menschen leben wir in einem sozialen Gefüge, das von Geburt an auf Geben & Nehmen konditioniert ist.
2. Auch in der Bibel finden sich viele Stellen zum Thema.
3. Die Karma-Lehre zeigt die Absicht auf, die dein Geben, aber auch dein Nehmen ausmacht.
4. Karma-Yoga hebt das reinigende Herz des dienenden Gebens hervor.
5. Kurt Tepperwein und viele andere zeigen auf, wie du ursachenfrei, indem du selber die Ursache bewusst bist, wirkst.

Deine Notizen:

2. KOMPONTENTEN UNSERES GEBENS

In diesem Kapitel wollen wir tiefer hinter den Schein unseres Gebens blicken und beleuchten, wie sich dieses wahrhaftig zusammensetzt.

2.1. GEDANKEN

Der Glaube an die Kraft der Gedanken ist so alt ist wie die Menschheitsgeschichte selber. In einem der ältesten und meist gelesenen Bücher der Welt, der Bibel, wird man ebenso fündig. Dort findet man viele Hinweise auf die uns innewohnende große (Schöpfer-)Kraft. Moment mal. *Das steht alles in der Bibel und trotzdem sind wir diesbezüglich noch immer alle Anfänger?* Nun ja, alle nicht, aber die meisten. Schließlich befinden wir uns alle auf dem Weg und spirituelle Ent-wicklung kann man nicht als Wissen (und auch nicht als Schenkung eines Meisers oder Gurus) erwerben, sondern erwirbt man Schritt für Schritt durch Erfahrung und gelebte Praxis. Der Weg vom jahrelang gepflegten Ego zum Leben als Wahres Selbst geschieht nicht über Nacht.

> *„Alles, worum ihr bittet, glaubt, dass ihr es erhalten habt, und es wird euch werden."*
> *(Markus 11, 20 – 25)*
>
> *"Herr, wie sind deine Werke so groß; deine Gedanken sind sehr tief!"*
> *(Psalm 92, 6)*
>
> *"Fluche dem König nicht einmal in deinen Gedanken, und verwünsche den Reichen auch nicht in deiner Schlafkammer; denn die Vögel des*

> *Himmels tragen den Laut davon, und ein geflügelter [Bote] verkündet das Wort."*
> *(Prediger 10, 20)*
>
> *„Alle Dinge sind möglich dem, der da glaubt."*
> *(Markus, 9,23)*
>
> *„Der Gedanke, den ich denke, kehrt nicht leer zu mir zurück, denn er bewirkt all das, wozu ich ihn ausgesandt habe."*
> *(Jesaja, 55, 8-11)*

Der Glaube an die große Kraft der Gedanken als gesetzte Ursache und damit tief verbunden der Glaube an die immense Schöpfungskraft des Glaubens wird an diesen biblischen Stellen betont. Erinnern wir uns nochmals an die Lehre Buddhas: *„Du bist, was du denkst"*. Hier zeigt er uns unser mächtiges Gedankeninstrument auf, jene Macht, mit der wir unsere Welt – und uns selbst – erschaffen: Unsere Gedanken als der Ursprung jeder Wirkung. Werfen wir einen näheren Blick auf unsere Gedanken:

In etwa +/- 60.000 Gedanken bewegen unseren Geist pro Tag, eine große Summe, eine sich rasch bewegende Energie also in uns, jedenfalls im untrainierten, sprich, unbewussten Zustand. Alleine an dieser hohen Anzahl lässt sich bereits ableiten, dass Gedanken wohl oder übel etwas mit uns machen. (Was sie mit uns machen, das bestimmen wir übrigens selber. Dazu gleich mehr.) Doch es kommt noch dicker: Ein Minium dieser Summe ist aufbauend, positiv. Denn: Geprägt, konditioniert, reinkarniert mit Karmalast und evolutionär bedingt sind unsere Gedanken meist von Sorgen, Stress, Unsicherheiten, Zweifeln oder Dingen, die zu erledigen sind, Ängsten und Unsicherheiten geprägt.

Gedankenimpuls: Halte kurz inne und prüfe dich selbst. Wie positiv denkst du Tag ein, Tag aus? Und zwar nicht „zufällig" oder unbewusst, sondern ganz bewusst im Sinne einer Psychohygiene?

Darüber hinaus: Wie bei all unserem menschlichen Sein entwickeln wir aus unseren Gedanken Gewohnheiten. Ebenso wird die Art, wie wir denken, zu unserer Gewohnheit und so kehren 90% unserer Gedanken auch am nächsten Tag wieder! Denn: Dieser Gedanken-Flow läuft meist unbewusst ab. Was bewirkt all dies? Alles, unser Leben. Genug Grund auf seine Gedanken zu achten, oder? Das folgende Gedicht bringt es gekonnt auf den Punkt:

> *„Achte auf deine Gedanken, denn sie werden Worte. Achte auf deine Worte, denn sie werden Handlungen. Achte auf deine Handlungen, denn sie werden dein Charakter. Achte auf deinen Charakter, denn er wird dein Schicksal."*
> (Unbekannt)

Achtsamkeitstraining, Mentaltraining, die Positive Psychologie, Meditation, alles setzt beim Kern an: bei unseren Gedanken. Die Gedankenstille ist das Ziel all dieser „Interventionen"/ „Trainings", hin zu einem immer bewussteren Sein, im Sinne einer Gedankendisziplin. Über diese Gedankendisziplin hinaus geht die Bewusstseinsforschung noch einen Schritt weiter geht: Nicht die Gedankenstille sei demnach das Ziel, sondern die in dieser Gedankenstille sich offenbarende Erkenntnis. Und diese Ansätze gehen dann noch über Buddhas „Du bist, was du denkst" weiter und differenzieren deine wahre Natur, deine wahre Essenz über das kognitive Verstandesinstrument „deiner" Gedanken hinaus und schließen mit: „Du bist."

<u>Exkurs</u>: Du bist, was du denkst – Aber du bist nicht deine Gedanken! Beides stimmt und ist kein Widerspruch in sich. Du lebst, damit beides von dir erkannt wird. Buddhas „Du bist, was du denkst" bezieht sich auf die Wirkung deiner aufgeladenen Gedanken, in dem Sinne, dass diese entsprechend dann zu dir – in Form deines „Schicksals" -zurückkehren. Zu differenzieren ist dies jedoch unbedingt, und dies legten bereits viele Bewusstseinsforschungen offenbar, dass wir rein gar nicht unsere Gedanken sind, bei Weitem nicht! Im Gegenteil, in allen zum Beispiel auch wichtigen therapeutischen Ansätzen wird gelehrt und trainiert, dass und wie wir unsere Gedanken als „Wesen" in uns wahrnehmen, um uns nicht damit zu identifizieren.

Dies hier weiter in die Tiefe zu führen, ist nicht Thema dieses Buches, freilich ist es jedoch sehr wohl Grundverständnis zu den hier erläuterten Annahmen. Ich möchte dir für dein, wenn gewünscht, näheres Studium sehr gerne folgende Autoren mit bereits exzellenten Werken zu dieser Thematik ans Herzen legen: Eckhard Tolle, Byron Katie, Sri Ramana Maharshi, Kurt Tepperwein und Abuna Semai.[10]

---

[10] Google wird die eine Vielzahl einschlägiger Werke vorschlagen, aus denen du nach deinen Impulsen wählen kannst.

2.2. GEFÜHLE & EMOTIONEN

Kehren wir nochmals zurück zu unseren Gedanken. Was passiert denn noch, wenn du denkst? Hierzu lass uns vergegenwärtigen, wie eine Gedankenform denn gebildet ist: Ein Gedanke besteht aus Wort, Bild und Gefühl. Die entstehenden Bilder rasen ungefiltert in dein Unterbewusstsein - übrigens dein Speicher ohne Kapazitätsbeschränkungen - und wirken von dort in dein Leben hinein. Der (in dir) auditiv wahrgenommene Gedanke verbindet sich mit dem Bild, das du „ausbildest" und paart sich mit einem in dir entstehenden Gefühl. Hast du gewusst, dass Gefühle die stärkste Auswirkung auf deinen Körper bedeuten? Gedanken bestimmen unsere Gefühle und in weiterer Folge unsere Handlungen. Dies ist an folgenden, einfachen Alltagssituationen leicht ablesbar:

Gedanke	**körperliche Reaktion/Gefühl**
Angst	schwitzen, erblassen, zittern
traurig	weinen
Erregung	Gänsehaut
Scham	rot werden

Du siehst an diesen einfachen Beispielen, welche Auswirkungen die vermeintlich unsichtbaren Gedanken auf dich haben. An dieser Stelle möchte ich dich an die eigentliche Kraft der Gedanken – und was damit gemeint ist – erinnern: DU ganz alleine wählst deine Gedanken.

Übung: Stopp! Das glaubst du nicht? Dann probiere dies gerne doch sofort aus! Setz dich hin, nimm dir eine Minute Zeit und beobachte deine

Gedanken. Und dann: Greife ein! Ja, du! Erlaube dir umzulenken, zu verändern, umzugestalten, jetzt! Wähle die Bilder und Gedanken bewusst und sieh auch, wie sich damit nicht nur deine Gedanken entsprechend deiner Wahl verändern, sondern ebenso deine Stimmung(slage) und zwar: Sofort! Mach dies so lange, bis alles stimmt! Bis alles stimmt? Bis sich alles stimmig, sprich, friedvoll, bewusst, liebevoll und kraftvoll anfühlt. Hat geklappt, oder? Du bewegst und lenkst deine Gedanken, wenn du dich erinnerst, dass nicht du deine Gedanken bist, sondern, dass diese differenziert von dir existieren.

Ein positiver Umgang mit deinen Gedanken, eine Gedankendisziplin, ist erlern- und trainierbar. Nicht umsonst werden alle großen Leistungen mit der Kontrolle der Gedanken erzielt, ob es z.B. das Eisbaden oder die Top-Performance im Sport ist. Im Mentaltraining lernst du alle Techniken kennen, die helfen, deine Gedanken zu „disziplinieren", um aus der oben erwähnten und leider sehr alltäglichen Negativspirale auszusteigen.

Zurück zu unserem Kern: Es sind nicht etwa die vielen flüchtigen Gedanken, jene „unaufgeladenen", die dieses Potential, der Gedanke als Wirkung, beheimaten. „Gebend" werden Gedanken erst dann, wenn wir sie aufladen, nämlich mit Bewertungen, die zu Emotionen führen. Emotionen befeuern unsere Gedanken, hauchen ihnen Leben ein und machen sie lebendig, sodass sie schließlich in unseren Handlungen gipfeln, die wiederum dann die sichtbare, hörbare oder spürbare

Wahrnehmung all dieser sich zusammentragenden Umstände der eigentlich – meist unbewusst – gesetzten Ursache bedeuten.

„Gedanken haben Flügel".
(Gebhardt Helga)

„Der Gedanke kennt keine Entfernung. Gedanken reisen schneller um die Welt und durchqueren rascher das Universum, als ihr ein Wort aussprechen könnt."
(Neale Donald Walsch)

Eine wunderbare Geschichte, die in humorreicher bzw. satirischer Weise wiedergibt, wie du mit Emotionen aus „unaufgeladenen" Gedanken die erlebte Wirklichkeit erschaffst, schenkte uns Paul Watzlawick in seinem Buch „Anleitung zum Unglücklichsein":

Die Geschichte mit dem Hammer

Ein Mann will ein Bild aufhängen. Den Nagel hat er, nicht aber den Hammer. Der Nachbar hat einen. Also beschließt unser Mann, hinüberzugehen und ihn auszuborgen. Doch da kommen ihm Zweifel: Was, wenn der Nachbar mir den Hammer nicht leihen will? Gestern schon grüßte er mich nur so flüchtig. Vielleicht war er in Eile. Aber vielleicht war die Eile nur vorgeschützt, und er hat etwas gegen mich. Und was? Ich habe ihm nichts angetan; der bildet sich da etwas ein. Wenn jemand von mir ein Werkzeug borgen wollte, ich gäbe es ihm sofort. Und warum er nicht? Wie kann man einem Mitmenschen einen so einfachen Gefallen abschlagen? Leute wie dieser Kerl vergiften einem das Leben. Und dann bildet er sich noch ein, ich sei auf ihn angewiesen. Bloß weil er einen Hammer hat. Jetzt reicht's mir wirklich. – Und so stürmt er hinüber, läutet, der Nachbar öffnet, doch noch bevor er "Guten Tag" sagen kann, schreit ihn unser Mann an: "Behalten Sie Ihren Hammer, Sie Rüpel!"

Aus: **Paul Watzlawick: Anleitung zum Unglücklichsein**[11]

Übung: Probieren wir es doch gemeinsam aus!

Wir imaginieren einen Spaziergang durch einen Supermarkt, vorbei am Obst und Gemüse, wir nehmen peripher all die verschiedenen Sorten dieser gesunden Wegbegleiter wahr, so ist es auch mit unseren Gedanken, wir sehen die gelben Zitronen, den grünen Broccoli und die roten Tomaten. All diese „unaufgeladenen" Eindrücke ziehen an uns vorbei und unsere Aufmerksamkeit fließt weiter.

Lass uns jedoch jetzt ganz bewusst eine dieser gelben Zitrone imaginieren, erleben wir diese Frucht doch jetzt ganz bewusst in unserem Geiste. Lass sie uns aufladen: Nämlich genauso, wie sie sich uns zeigt, wenn wir ihr all unsere Aufmerksamkeit schenken: Die Farbe, das schreiende Gelb, die Wahrnehmung ihrer rauen Oberfläche, wenn wir mit unseren Fingern über sie streichen. Lass sie uns in Gedanken aufschneiden und sehen, wie es dabei leicht in die Umgebung spritzt und sich uns ihr Innenleben offenbart. Und dann: Lass uns ganz leicht mit der Zunge darüber schlecken und uns mit ihrem intensiven und

---

[11] Watzlawick, Paul: Anleitung zum Unglücklichsein, R. Piper Verlag, 2012, S. 37 – 38.

einzigartigen Geschmack unmittelbar verbinden, ehe wir so richtig hineinbeißen. Ui, da verzieht sich uns der Mund! Halt, nein, stopp! Das war gerade keine echte Zitrone, dies war lediglich ein Gedanke davon, jedoch kein flüchtiger, sondern ein „aufgeladener" mit Bewertungen (sauer, gelb, ...) und Wahrnehmungen über unsere (imaginierten) Sinne. Wir haben jedoch gerade den Kontakt mit einer Zitrone aufgenommen und dieses Erlebnis hat in unserem Gehirn dieselben Reaktionen produziert, als ob wir den eben geschilderten Vorgang auch tatsächlich so erlebt hätten.

Erleben ist das Stichwort. „Erlebte" Gedanken führen zu unseren Handlungen und in Folge zu unserer Realität. Je nach deiner Aufladung/Bewertung folgt deine Handlung, wie etwa, dass du diese Zitrone kaufst und dir ein leckeres Zitronenwasser bereitest oder du verziehst das Gesicht und bist nicht in Einklang mit dem „Geschenk Zitrone".

Am Beispiel der Zitrone sahen wir eingängig den Zusammenhang, die Wechselwirkung, aber auch den Unterschied zwischen Gedanken, Gefühlen und Emotionen. Emotionskontrolle, Impulskontrolle und die Distanzierung zu deinen Gedanken sind wichtige zu vertiefende Themen zu diesen Hintergründen. Beschäftige dich damit gerne weiterführend: Es ist der Beginn der wichtigsten Reise, nämlich der zu dir selbst.

Fazit: Es ist so wichtig, dass du lernst, dich mit deinen Gedanken zu beschäftigen, sie zur Ruhe zu bringen, sie zu betrachten und dich von ihnen zu distanzieren, um zum wahren Kern deines Seins zurückzukommen, aus dem heraus dein Geben immer rein sein wird und nicht nur aus intendierten Handlungen besteht, welche (Achtung! Spoiler!) dich in der Schleife halten werden. Jetzt lass uns dies nachstehend gemeinsam näher beleuchten. (Übrigens: So schön, dass du da bist!)

Abbildung 3: Wer bin ich?

2.3.   INTENDIERTE HANDLUNGEN

Intention: intentio (lat.) – Absicht

Ganz ähnlich wie mit unseren Gedanken ist es bei unseren Handlungen. (Wie könnte es anders sein – beides ist ja, wie *du* wirkst). Viele unserer Handlungen laufen unbewusst ab, unaufgeladen, so scheint es und doch sind sie tief aufgeladen, so tief, dass sie eben die Fähigkeit besitzen, unbewusst abzulaufen. Wie oft gehst du auf die Toilette und dein Körper vollzieht lebenswichtige- und erhaltende (lebensgebende) Handlungen, ohne, dass du diesem Vorgang nähere Beachtung schenkst? Wie oft wechselt du unbewusst zwischen Gasgeben und Bremsen beim Autofahren, Handlungen, welche dein Sein in diesem Sinne wortwörtlich maßgeblich lenken und bestimmen?

Diese scheinbar unaufgeladenen Handlungen gehen mit derart tiefsitzenden, schlummernden Mustern, Prägungen und Konditionierungen einher, sodass wir (sie) in Leichtigkeit erschaffen und so durch sie wirken. Dazu kommen all die bewussten Handlungen und beide zusammen formen uns, wie wir geben, unseren Nächsten und der Welt – und selbstverständlich uns. Denn alles, was wir hinausgeben, kehrt zu uns zurück. Zu diesem universellen Gesetz kehren wir ebenso später noch zurück.

Intendierte Handlungen sind all jene, nach denen wir zu einem bestimmten Zweck geben, um in späterer Folge zu erhalten. Die

Wahrheit ist: Des Menschen Handlung ist zumeist auf ein „um zu" geprägt. Ich gebe dir, damit…; ich gebe (dir), um … zu. Die Meisten würden nicht zugeben, dass ihre offensichtlich schöne und positive Handlung – auch – eine egoistische Basis beherbergt.

Auch der Meister der Lehre des Moments, Eckhart Tolle, spricht in seiner Abhandlung „Jetzt!" davon und unterscheidet die Hingabe an den Moment, das wahre Sein, von der „psychologischen Zeit" und zeigt ebenso jenes Intendierte auf, fernab von unserem wahren Sein ausschließlich in der Gegenwart, nämlich, wenn wir ständig entweder wegen unserer Vergangenheit oder für unsere Zukunft handeln, indem wir versuchen, ständig woanders zu sein, als da, wo wir jetzt sind, dort, wo unser Tun hauptsächlich einem Mittel zum Zweck gleicht.[12]

> *„Der gegenwärtige Moment ist alles, was du je haben wirst. Es gibt nie eine Zeit, in der dein Leben nicht „dieser Moment" ist. Ist es nicht so?"*
> (Eckhart Tolle)

<u>Gedankenimpuls</u>: Betrachte du für dich einfach einmal genau: Warum gibst du dies oder das? Ist es fließend oder ist es aus einer bestimmten, den anderen oder dich betreffenden Absicht heraus?

Intendiert zu handeln, bedeutet, in der Erwartung zu geben, dass dir wieder etwas gegeben wird, was wiederum du nur aufnehmen kannst, wenn du dafür Platz hast. Platz haben bedeutet, dass du durch dein Geben Platz gemacht hast, du also etwas weggegeben hast. Wahres

---

[12] Vgl. Tolle, Eckhart: Jetzt! Die Kraft der Gegenwart, Kamphausen, 15. Auflage, 2020, vgl. S. 78.

Geben hingegen ist nicht etwas, das du *dir* weggibst. Im Unterschied zu den intendierten Handlungen sind es die unaufgeladenen und absichtslosen Handlungen, die zu reinem, wahrhaftigen Geben (das ist übrigens auch das wahre, das eine S e i n) führen. Während, wenn du wahrhaftig gibst, ist es ebenso jenes, das du zugleich nimmst. Hingegen, gibst du in der einer falschen Absicht, in der um-zu-Absicht, so wird dir, während du gibst, etwas fehlen und etwas genommen. (Zumindest jetzt. Denn später wird dies wieder zurückkehren, jedoch nicht so, wie du es im oberflächlichen Schein gedacht hast zu manifestieren.)[13] Zu den absichtslosen Handlungen werden wir im Lösungsteil zurückkehren.

Intendierte Handlungen prägen also unser Sein, warum? Lies gerne weiter.

---

[13] Hier wieder der Verweis zu der Karma-Lehre, um näher einzutauchen.

2.4. EGOISMUS VS. ALTRUISMUS

Geben – heiliges Sein oder Heiligenschein?

„Gebt, so wird euch gegeben werden" (Lukas 6:38), findet man in der Bibel fest verankert. Und so wird fleißig gegeben, gespendet, geholfen und unterstützt, der Mensch ist von Natur ein Philanthrop und Altruismus ist unser wahres Wesen. Nun, wäre dem wirklich ausschließlich so, dann hätten all die Kriege Zeit unseres Lebens sowohl im Großen als auch im Kleinen erheblichen Erklärungsbedarf, oder nicht??! (Spoiler: Es ist nicht der Mensch, jedoch unser jeweiliges Selbst, dessen erste Natur Frieden und Liebe ist.) Irgendetwas ist hier also noch unstimmig. Schon Hobbes[14] bezeichnete den Naturzustand von uns Menschen als „Kriegszustand", als Krieg eines jeden gegen jeden, ähnlich wie Rousseau[15], der immerhin dies der gesellschaftlichen Prägung zuschrieb.

Egoismus, vom Lateinischen „ego" – ich, Altruismus, ebenso vom Lateinischen „alter" – der andere. Egoismus bezieht sich demnach auf alles, was du für dich tust und Altruismus eben auf all das, was du für den anderen tust.

Hand aufs Herz? Wie oft gibst du, ohne dass ein „um zu" mitschwingt? Oft lässt sich zumindest schnell entlarven, dass du gibst, damit es dem anderen gut geht, damit der andere hat, was er braucht, etc. Doch tiefer

---

[14] Hobbes, Thomas: Leviathan, Stuttagart: Reclam, 1970.

[15] Rousseau, Jean-Jaques: Vom Gesellschaftsvertrag oder Grundsätze des Staatsrechts, Stuttgart: Reclam, 1977.

beleuchtend erkennst du, dass es nicht nur für den anderen, sondern auch für dich ist.

Exkurs: Alles ist mit allem verbunden und es ist untrennbar, dass das, wie du mit dem anderen verbunden bist, auch mit dir zu tun hat.

Der US-amerikanische Wirtschaftswissenschafter James Andreoni sprach in diesem Zusammenhang vom *„the warm glow"*[16] oder auch Aristoteles: *„Der ideale Mensch verspürt Freude, wenn er anderen einen Dienst erweisen kann."*[17] Altruismus, eine selbstlose Denk- und Handlungsweise, kommt also mit der Mogelpackung des Egoismus, indem, wenn du gibst, du nämlich mithin das eigene Wohlgefühl steigerst, daher. Ist der verpönte Egoismus gar authentischer als der gepriesene Altruismus?

Gedankenimpuls: Kennst du solche Situationen? Während du vermeintlich rein und altruistisch gibst, fühlst du dich dann nicht etwa selber gebraucht, wertvoll, nützlich? Kann es sein, dass dies Situationen sind, in denen du gibst, damit du so dein eigenes Wohlbefinden bis hin zum Selbstbewusstsein steigerst? Viele Beziehungen beruhen auf diesem bedingenden Prinzip: Ich gebe dir, dafür bist du mit mir zusammen.

---

[16] Andreoni, James: Impure Altruism and Donations to Public Goods: A Theory of Warm-Glow Giving, in: The Economic Journal, Vol. 100, No. 401 (Jun., 1990), pp. 464-477 (14 pages), Published By: Oxford University Press.

[17] Aristoteles (384 - 322 v. Chr.), griechischer Philosoph, Schüler Platons, Lehrer Alexanders des Großen von Makedonien.

Frag dich also: Warum gibst du? Gibst du für dich oder für den anderen oder gibst du dem Anderen für dich? Gib dir Zeit und erlaube so der Stille, dir den Raum aller Antworten zu offenbaren.

2.5.   DAS KLEINE EGO

Eine grundlegende und wichtige Unterscheidung, um unser wahres Sein im Rahmen der Selbstverwirklichung zu erkennen, zu erforschen, ist die Unterscheidung des Egos[18] vom Selbst, mithin essentiell, um den wahren Grund unseres Gebens zu identifizieren.

Vorab: Erst, wenn man sich erinnert hat, diese voneinander zu unterscheiden, ist man wirklich offen für die Selbstverwirklichung, was wiederum unabdingbar für das Glück unserer Existenz ist, denn Nichts ist dem Menschen heiliger, als all die Fragen nach dem Wie, Weshalb, Woher, Wohin zu erkunden und sich selber zu verwirklichen.

Das falsche Selbst[19]

Das falsche Selbst ist auch als das Ego bekannt, jenes, mit dem du zuallermeist in deiner menschlichen Existenz identifiziert bist. Angenommen, du heißt Maria Mayer, wohnst in Münster, bist 49 Jahre alt, hast zwei Söhne und einen Job als Bürokauffrau. Wenn es dies ist, das du glaubst, was *du bist*, bist du mit deiner menschlichen Existenz identifiziert. Buddha spricht hierbei von der „Illusion des Ich". Eckhard Tolle fand für das Ego eine sehr schöne Definition: *„Ego ist der*

---

[18] Vgl. Osho: Das Buch vom Ego. Von der Illusion zur Freiheit, Allegria, 2004.

[19] Im Folgenden wird das Wahre Selbst großgeschrieben, da es als Name gilt und das falsche Selbst klein, um bereits auch in der Schriftform auf den wesentlichen Unterschied hinzuweisen.

unbeaufsichtigte Verstand, der dein Leben bestimmt, wenn du als beobachtendes Bewusstsein oder Zeuge nicht präsent bist."[20]

Das falsche Selbst beginnt sich in unserer Kindheit zu entfalten, ungefähr dann, wenn ein Kind beginnt, nicht mehr in der 3. Person von sich zu reden (»Marion mag das«), sondern seine Sätze mit »ich« formuliert (»Ich mag das«). Das falsche Selbst ist die Summe all unserer Konditionierungen, die anstelle des reinen Geistes, der reinen Wahrnehmung bzw. Beobachtung durch dein Selbst, dauerhaft Eindrücke manipuliert. Das Ego wirkt und überlebt durch unsere Konditionierungen, Zweifel, Ängste, Unsicherheiten, Glaubenssätze und Verblendungen jeglicher Wahrnehmung.

<u>Gedankenimpuls</u>: Was wärst du, wenn du all diese oben genannten Konstrukte abziehst? Nimm dir Zeit, leg das Buch zur Seite und spüre dieser Frage nach oder besser: hin. Und wenn du hierzu eine Antwort vernommen hast, frag dich weiters: Kann es sein, dass eigentlich genau *das* du bist? Und auch ich? Und dass wir so genau dasselbe sind?

> *„Jenseits von richtig und falsch liegt ein Ort. Dort treffen wir uns."*
> (Rumi)

---

[20] Tolle, Eckhart: Jetzt! Die Kraft der Gegenwart, Kamphausen, 15. Auflage, 2020, S. 213.

Exkurs: Der Beobachter
Und auch hier möchte ich dich wieder an Kurt Tepperwein erinnern. Wenn er vom Beobachter, vom reinen Beobachten und Wahrnehmen spricht, meint er genau diese Unterscheidung und zeigt auf, wie du ganz einfach, immer und überall, den Unterschied festmachen kannst, ob du aus deinem Selbst heraus oder aus deinem Ego wirkst. Willst du dem näher nachgehen, darf ich dich auf folgendes Gespräch, das ich mit Kurt Tepperwein führen durfte, aufmerksam machen: **Kurt Tepperwein über das Erwachen**, auf:
https://www.youtube.com/watch?v=PF91yuhrKww&t=2s

In einer untrainierten unbewussten Lebensweise (nicht beobachten und nicht wahrnehmen) entspringt der Großteil unseres Seins aus dem falschen Selbst, somit sind ebenso unsere Handlungen Ursprung desselbigen. Wie viel unseres Gebens wird demnach wahrhaftig und Quelle unserer Selbst-Verwirklichung sein? *Do ergo sum* wäre demnach zumeist ein *Do, ergo not sum.*

Sei bitte nicht böse oder irritiert, da es heißt: Es ist das „falsche" Selbst, mit dem du zumeist identifiziert bist. Sieh alles, sieh das Ganze, erkenne die Polaritäten, die dich zur Einheit führen. Da ist noch mehr, nichts mehr will es dir aufzeigen, bzw. dich erinnern. Dein falsches Selbst ist also in Wahrheit dein Helfer und dein ständiger Erinnerer, dass du dich eigentlich ganz unbedingt an etwas erinnern wolltest, das immerfort gelebt werden will: Dein Wahres Selbst.

Exkurs: Unser Menschsein definieren wir oft über uns als Person. Wusstest du, dass Person aus dem Lateinischen persona kommt und

Maske bedeutet? Ja, uns zu erfahren, bedeutet natürlich auch, unser Menschsein als Person zu erleben und natürlich gibt es viele wunderbare „Rollen" auf diesem Planeten von vielen verschiedenen Personen! Ego ist nicht per se negativ!

Das Wahre Selbst

Das Wahre Selbst ist der göttliche Funke in uns, die göttliche Anbindung, das Wahre, das, was wir eigentlich immer waren und sind, bevor wir vergessen und überschrieben haben, was dies ist. Das Wahre Selbst ist die reinste Form unseres Wesens. Ohne die Verblendungen und Verzerrungen unseres Egos agieren wir aus diesem. Unser Wahres Selbst ist in beständigem Vertrauen und sich selbst bewusst, sowie es seine Lebensaufgabe kennt. Das Wahre Selbst zu leben bedeutet alle Schichten des Egos, die wir im Laufe unseres Lebens gebildet haben, abzutragen, alle Kränkungen, Täuschungen, Verletzungen und Verblendungen aufzugeben. Alle Masken abzulegen, wie die Schalen einer Zwiebel. Erst, wenn das Ego (nach und nach) aufgegeben wird, kann man erkennen, wer man wirklich ist.

Wenn du jetzt erschreckst und denkst, dass es da etwas gibt, dass sich dein Wahres Selbst nennt und du dies nicht einmal kennst: Hab keine Angst und verspür keine Unsicherheit. Dein Wahres Selbst musst du auch gar nicht erst finden, es ist immer da, immer bei dir, immer über dir, immer mit dir, immer – in einer Analogie – dein Schutzengel. Es ist nur allzu natürlich, sprich, menschlich, dass wir dieses Bewusstsein im Laufe unseres Großwerdens leider verloren haben. Und auch nicht leider: So erwartet dich immer noch der größte Schatz: Du selber.

DAS MÄRCHEN VON DER GRÖßTEN KRAFT DES UNIVERSUMS[21]

Ein altes Märchen erzählt von den Göttern, die zu entscheiden hatten, wo sie die größte Kraft des Universums verstecken sollten, damit der Mensch sie nicht finden könne, bevor er dazu reif sei, sie verantwortungsbewusst zu übernehmen.

Ein Gott schlug vor, sie auf der Spitze des höchsten Berges zu verstecken, aber sie erkannten, dass der Mensch den höchsten Berg ersteigen und die größte Kraft des Universums finden würde, bevor er dazu reif sei. Ein anderer Gott sagte, lasst uns diese Kraft auf dem Grund des Meeres verstecken. Aber wieder erkannten sie, dass der Mensch auch diese Region erforschen und die größte Kraft des Universums finden würde, bevor er dazu reif sei.

Schließlich sagte der weiseste Gott: „Ich weiß, was zu tun ist. Lasst uns die größte Kraft des Universums im Menschen selbst verstecken. Er wird niemals dort danach suchen bevor er nicht reif genug ist, den Weg nach innen zu gehen".

Und wo versteckten die Götter die größte Kraft des Universums? Im Menschen selbst und dort ist sie noch immer und wartet darauf, dass wir sie in Besitz nehmen und weisen Ge- brauch davon machen.

Lass Dich nicht von mir täuschen

Lass Dich nicht täuschen durch das Gesicht, das ich aufsetze, denn ich trage tausend Masken,
Masken, die ich mich fürchte abzusetzen und keine davon bin ich wirklich. Etwas vorzutäuschen ist eine Kunst, die mir zur „zweiten" Natur wurde. Aber lass Dich nicht täuschen, um des Himmels willen, lass Dich nicht täuschen.
Ich erwecke den Anschein, dass ich mir meiner selbst sicher bin, dass alles in mir unerschütterlich und glatt aussieht, innerlich wie auch äußerlich, dass ich niemanden benötige. Aber glaube mir nicht. Bitte!
Lass Dich nicht täuschen, durch die Masken, die ich aufsetze, darunter ist keine Zufriedenheit. Niemand soll es wissen.

---

[21] Nach Kurt Tepperwein.

Ich gerate in Furcht bei dem Gedanken, dass meine innersten
Geheimnisse offenbar werden, darum spiele ich krampfhaft eine Rolle,
um mich dahinter zu verstecken. Um mich zu schützen vor dem
liebenden Blick, der erkennt.
Aber genau solch ein Blick wäre meine Rettung, meine einzige Rettung.
Gerade dies sage ich Dir aber nicht. Ich wage es nicht, ich fürchte mich.
Ich fürchte, Du wirst gering von mir denken, Du wirst mich von oben
herab oder „wohlwollend" behandeln, statt Dich mit mir gleichrangig
verbunden zu fühlen, und genau diese Demütigung würde mich töten.
So spiele ich meine Rolle, meine verzweifelte Rolle
und so beginnt die Parade der Masken, und mein Leben wird eine
Fassade. Ich rede unnützes Zeug in verbindlichem Ton, oberflächliches
Geschwätz. Ich sage Dir alles, was nichts ist, und nichts von dem, was
alles wäre.
Lass Dich nicht täuschen durch das, was ich sage.
Versuche zu hören, was ich nicht sage, was ich so gerne sagen möchte,
was ich sagen müsste, was ich aber nicht aussprechen kann.
Ich möchte so gerne echt und unmittelbar sein,
aber Du musst mir helfen, indem Du selbst offen bist.
Du kannst die Wand fortschmelzen, unter der ein Kind zittert, indem Du
mich akzeptierst, wie immer ich bin.
Jedes Mal, wenn du wertfrei versuchst zu verstehen,
weil Dir wirklich an mir liegt, beginnen meinem Herzen Flügel zu
wachsen, sehr kleine, schwache Flügel, aber doch Flügel.
Man sagt, Liebe durchdringt alle Mauern, und genau hier liegt meine
Hoffnung. Bitte nähere Dich diesen Mauern behutsam und mit zarter
Hand,
denn ein Kind ist sehr empfindsam.
Wer bin ich, magst Du fragen. Ich bin Du und ich bin jedes
menschliche Wesen, dem du begegnest.
Lass Dich von Dir nicht täuschen!

(entnommen dem Buch „Das Suchen" von Le Roy E. Reid)

Unterscheidung

Der Begriff "Wahres Selbst" ist seiner Bedeutung nach eher als der des "Ego" zugänglich. Letzterer wird gerne rein negativ abgewertet und mit dem Adjektiv "egoistisch" gleichgesetzt. Das Ego ist der Kontrahent des Wahren Selbst und nicht ausschließlich mit dem Attribut egoistisch gleichzusetzen. Vielmehr ist egoistisch lediglich eine von vielen Facetten des Egos. Beide, das Wahre Selbst, sowie das Ego, sind das, wodurch wir wirken/ handeln. Alleinig aus dem Wahren Selbst heraus zu wirken, bedeutet Wahrhaftigkeit. So gebrauchen wir auch in diesem Buch das Attribut „wahrhaftig", wenn es um das reine, das wahrhaftige Geben geht. Wirken bzw. Geben aus dem bzw. durch das Ego wird mit dem Adjektiv „egoisch" beschrieben.

Unsere Wahres Selbst kommuniziert mit uns durch unsere in uns innewohnende und von Natur aus vorhandene Intuition.

> **Exkurs: Intuition** ist gefühltes Wissen, die sofortige, unmittelbare, unverzerrte, geistklärende Wahrnehmung, jene, die sich wie ein Aha-Effekt anfühlt. Achtung: Diese Intuition ist da, für und bei jedem, doch gleich und zwar direkt, bevor das Falsche Selbst dagegen zu arbeiten beginnt (durch innere Stimmen, Ängste, Zweifel, Glaubenssätze, ...) und diesen Eindruck überlagert. Doch keine Sorge: Intuition ist – wie ein Muskel – trainierbar und somit (wieder) erlernbar. Hierfür empfehle ich dir das Buch von **Jaqueline Le Saunier: *Intuition - Dein Powertool***[22].

---

[22] Le Saunier, Jaqueline: Das 5-Schritte-Programm zu deiner inneren Stärke, Allegria, 2019.

Das Falsche Selbst fühlt sich, wenn man ihm auf den Grund geht und genau in sich hineinspürt, – immer! – unharmonisch an. Es kommuniziert immer kraftkostend, bewusst- und herzlos. So kann man eine Handlung/ einen Gedanken/ eine Emotion auch immer entlarven. Fühlt es sich unharmonisch an, ist es nicht das Wahre Selbst, das gerade durch uns wirkt. Ein Impuls vom Falschen Selbst braucht immer Zeit und das Gefühl kommt immer nach der Intuition, denn das Ego kann nur dann am Leben bleiben, wenn es der Intuition erfolgreich entgegenarbeitet. Das Falsche Selbst will immer das bewerten, was gerade (von der Intuition) rein wahrgenommen wird.

Es ist das Ego, das uns etwas nicht tun lässt – was wir eigentlich tun möchten – weil es sich nicht schickt, nicht gehört, man das nicht so tut, noch nie gemacht hat, … . "Was würden denn die Leute denken!" "Das hat noch nie funktioniert!" "Das darfst du nicht!" Es ist aber auch das Ego, das uns Vieles tun lässt: zu entsprechen, zu gefallen, zu gewinnen, zu helfen u.v.m. Alles, was eine Erweiterung um ein "um" zulässt, ist Sprachrohr des Egos.

<u>Weitere Unterscheidungsmerkmale im Vergleich:</u>

- Ego braucht Materialismus. Selbst sieht den Wert nicht im Materiellen.
- Ego treibt mit seinem Körper Schindluder. Selbst erkennt den Körper als wertvolles Werkzeug.
- Ego ist egoistisch. Selbst ist holistisch.
- Ego ist ahnungslos und überrascht. Selbst kennt die geistigen Gesetze, kosmischen Gesetzmäßigkeiten und Möglichkeiten.

- Ego braucht ständig Anregungen und Unterhaltungen. Selbst braucht keine künstliche Unterhaltung.
- Ego liebt den Vergleich. Verknüpft seinen Wert mit der Meinung der anderen. Selbst braucht keine äußeren Bestätigungen.
- Ego ist Intellekt-gesteuert (begrenzt). Selbst ist Intution-gesteuert (offen).
- Ego ist stark emotional gesteuert. Selbst lebt Gleichwertigkeit, Gleichgültigkeit und Gelassenheit.
- Ego verurteilt, katalogisiert, normiert. Selbst wertet nur für sich selbst, um entscheiden zu können.
- Ego will Recht haben. Selbst will das erreichen, was stimmt (stimmig ist).
- Ego ist von der Vergangenheit geprägt. Selbst kennt die Vergangenheit, lebt aber nicht in ihr.
- Ego hat Angst vor der Zukunft. Selbst schöpft die Zukunft. Leben im Hier und Jetzt.
- Ego braucht Identifikationsverstärker. Lob, Anerkennung, Prestige. Selbst zieht Inneres dem Äußeren vor. Bescheidene Entwicklung.
- Ego wertet im Außen. Selbst ist sich selbst bewusst.
- Ego ist schnell verletzt, beleidigt. Selbst kann nicht verletzt werden. Wertet nicht.
- Ego ist orientierungslos. Selbst ist fokussiert.
- Ego ist nie zufrieden. Selbst ist bescheiden und dankbar.
- Ego ist immer auf der Suche nach Liebe. Selbst liebt einfach.

2.6.   DRAMA

Wir alle kennen sie: Die Situationen, in denen wir unzufrieden (un-zu-Frieden) sind, weil wir uns ausgenutzt, erpresst, in die Enge getrieben fühlen bzw. jemandem vorwerfen, dass immer nur wir es sind, die geben. Tatsächlich verbringen die meisten Menschen den Großteil ihres Lebens damit, dass sie glauben, dass sie Opfer der Umstände ihres Lebens sind oder auch Opfer von anderen bzw. deren Handlungen, Opfer dessen, was sie vom Leben bekommen/nehmen. Vollkommen geriet in Vergessenheit, dass immer *wir* die Schöpfer unseres Lebens sind! Dieses Opferbewusstsein stellte auch Dr. Stephen Karpman[23] in seinem Dramadreieck dar. Der Dipl. Lebens- und Sozialberater Mag. (FH) Helmut Gittmaier[24] bringt es in folgendem Gastbeitrag in Korrespondenz zu unserem Thema:

> **Das Dramadreieck**, nach Dr. Stephen Karpman (und in Österreich weiterentwickelt von Dr. Roman Braun), ist ein psychologisches und soziales Modell aus der Transaktionsanalyse. Es zeigt menschliche Verhaltensmuster, die nachvollziehbaren, aufgedeckten Regeln folgen (diese Regeln werden in der Transaktionsanalyse „Spiel" genannt). In der Ursprungsform beschreibt das „Dramadreieck" ein Beziehungsmuster zwischen mindestens zwei Personen (jedoch reicht eine Person um das

---

[23] Karpman, Stephen: Fairy tales and script drama analysis. In: Transactional Analysis Bulletin 7 (26), 1968, S. 39–43.

[24] Helmut Gittmaier: http://www.humangear.info.

Drama-Spiel zu „aktivieren" und das Spiel mit sich selber zu spielen). Die wahrnehmbaren Rollen, welche von diesen zwei Personen eingenommen werden können, sind als dynamisch zu betrachten. Folgende drei Rollen sind zu unterscheiden: Verfolger, (Täter), Opfer und Retter. Zwischen den Spielern gelten „Regeln" der Rollenerwartung, die vom Rollenträger durch die Wahl einer Rolle unwillkürlich befolgt werden. Dabei übernehmen die Beteiligten diese Rollen aus der inneren Notwendigkeit des Musters heraus, sie „spielen" diese Rollen (sie „sind" nicht die Rollen). Die Muster des Dramadreieckes paaren sich oder konkurrieren gleichzeitig mit persönlichen Mustern der Beteiligten. Während eines Konflikts kann ein Mensch, der eine Rolle „einnimmt", oftmals nicht erkennen, dass die anderen Rollen ebenfalls eingenommen bzw. vorhanden sind. Die Rollen unterliegen einer Dynamik und wechseln in einem Konflikt gegen den Uhrzeigersinn wie in der Abbildung dargestellt.

Auch unser Thema findet sich in diesem Dramadreieck wieder. Das Opfer gibt sich die Schuld selber und weiß nicht, was es in der vorherrschenden Situation tun soll und verinnerlicht daher den Glauben: *„Du bist ok, ich bin nicht ok."* Weil es nicht weiß was es tun soll, sucht es sich einen Retter, der sich wiederum gerne anbietet, da er gerne Anerkennung erhält (nimmt). Diese bekommt er vom Opfer, da es dankbar ist, dass der Retter die Situation vermeintlich rettet. Dadurch, dass der Retter die Situation in die Hand nimmt, nimmt er dem Opfer die Möglichkeit zur Entwicklung und zur Selbstwirksamkeit. Selber meint er:

„*Keiner ist ok.*" Der Täter allerdings meint: „*Ich bin ok, die anderen sind nicht ok.*" Er gibt dem Opfer durch seine entsprechenden Handlungen, der Retter wiederum den – vermeintlichen – Frieden.

Die Rollen jedoch sind nicht statisch zu betrachten, sondern dynamisch und ein Geben & Nehmen ist somit wechselseitig. Einen anderen Blickwinkel, vor allem auf das Konzept des „Opfers", werden wir im Laufe des Buches, im Rahmen der Konzepte des Schöpfers und des Mangelbewusstseins, noch werfen.

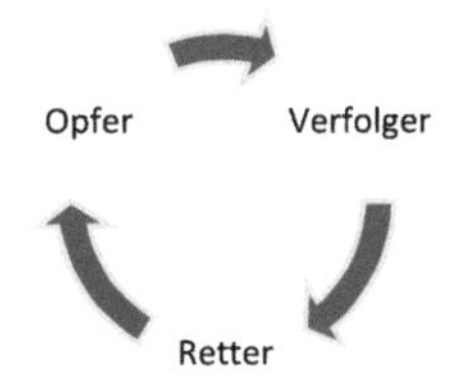

Abbildung 4: Das Drama-Dreieck

PS: Das Dramadreieck geht von drei Personen aus, jedoch ist es genauso möglich, dass du ganz alleine mit dir dein eigenes Drama(dreieck) erschaffst. Womöglich tust du dir, um ein Beispiel zu geben, selber zuerst leid (Opfer), bis du sogar richtig wütend (Verfolger) wirst, bis dann schließlich doch „die Vernunft" (Retter) siegt und du kannst den Streit schlichten.

2.7.   SELBSTWERT

Das mit dem Selbstwert ist so eine Sache. Zum einen ist uns allen klar, wie wichtig er ist, zum anderen jedoch erleben wir fast lebenskonstant, wie schwer es uns fällt und mit wie vielen Unsicherheiten verhaftet es ist, unseren Wert zu kennen und dazu zu stehen.

Daher ist es zunächst wichtig, sich der eigentlichen Bedeutung des Wortes zu widmen. Selbstwert als zusammengesetztes Substantiv besteht aus den Nomen Selbst und Wert– und da fängt alles schon an. Du hast sicher das Buch bis hierher aufmerksam gelesen und bist dir gewahr, dass der Begriff des Selbst über alles menschliche Ego-Verständnis hinausgeht. Das bedeutet: Das, was wahrhaftig mit Selbstwert gemeint ist, setzt die Kenntnis des Selbst voraus, um ihn auch wahrhaftig zu leben.

Ein wahrhaftig großes Unterfangen also, sich dem Selbstwert wirklich zuzuwenden! Naja, und auch wiederum nicht ganz, denn: Das Selbst ist sich, da sich auch immer bewusst, immer genug und in Folge auch immer wert. Doch: Bist du dir deines Selbst bewusst? Wohl eher und vermutlich nicht. Alle tiefgehenden Philosophien und Erkenntnisforschungen rund um unsere Existenz beginnen und enden mit der Frage: Wer (bzw. was) bin ich? Hast du dir diese Frage jemals wirklich gestellt? Hast du jemals dazu meditativ geforscht? Und: *Erinnerst du dich, wer du warst, bevor dir alle sagten, wer du (nicht) sein sollst?*

Sich also seiner selbst bewusst zu sein, seinem Selbst bewusst zu sein, setzt das Bewusstsein um sein Selbst voraus. Auch das Selbstvertrauen kann sich erst dann entfalten.

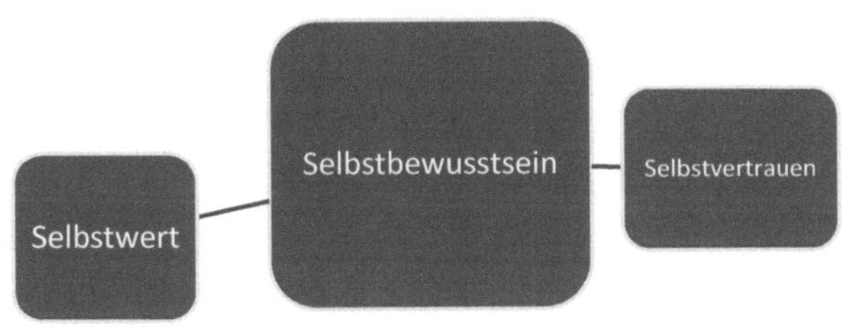

Abbildung 5: Unser Selbst

Und auch für unser Thema spielt der Selbstwert eine gewichtige Rolle. Nur, wenn der Selbstwert gelebt wird, kann man auch entsprechend geben und in Folge auch nehmen. Leider ist es allerdings so, dass sich gerade um den Selbstwert viele Glaubenssätze tummeln, und so fällt es den meisten nicht leicht, sich – entsprechend des Gesetzes der Fülle (siehe auch hier später im 4. Kapitel) – selber die Dinge vom Leben zu geben.

„Sei es dir selbst wert!" Das ist zwar auch weit verbreitet, doch dies auch umzusetzen bzw. zu leben, stellt für die meisten ein Leben lang eine Herausforderung dar. Meistens sind es folgende oder ähnliche tief verankerte Glaubenssätze (Sätze, an die wir glauben – und zwar zumeist

unbewusst und ungeprüft), die uns genau von der Erfüllung dieses gut gemeinten Ratschlages abhalten:

- *Niemand ist perfekt.*
- *Ich bin nicht gut genug.*
- *Ich weiß nicht, ob ich das kann/schaffe.*
- *Andere wissen viel mehr./ Andere können viel mehr.*
- *Ich bin nur einer von Vielen.*
- *Ich bin nichts Besonderes.*
- *Nur wer viel macht/schafft, ist es wert.*
- *Erfolg muss man sich hart verdienen.*
- *Das Glück ist ein Vogel.*

Wieso erlaubst du Dingen so leicht das Gütesiegel perfekt, dir aber nicht? Dies sind nur einige Sätze, die uns gesellschaftlich mitgegeben werden und die tief in uns schlummern und unseren Selbstwert unterbewusst immer drücken.

Warum ist das so? Diese Entwicklung beginnt meistens spätestens in der Schule. Als wunderbarer Schulanfänger lerntest du bestimmt brav für die Ansage und trotzdem stand das Wort (1,2,..) Fehler darunter. Und so lerntest du sogleich, dass du über Fehler definiert wirst und der Druck, nicht gut genug oder mangelhaft zu sein, wuchs fortan mit jedem Schul- bzw. Lebensjahr weiter an. (Mehr zum Mangelbewusstsein liest du im 4. Kapitel). Scheint dir der Selbstwert als schwer überwindbare, große „Aufgabe", so gibt es jedoch eine heilsame Brücke: Die Selbstliebe. Wie immer ist die Liebe der Anfang und das Ende.

„Die Liebe ist der Anfang und das Ende."
(Manuela Gassner)

2.8.   SELBSTLIEBE

Die Voraussetzung also: Selbstliebe

Um gleich die Brücke zur Erläuterung um das Selbst zu schlagen: Das Selbst ist sich selbst bewusst und liebt sich daher auch ausschließlich.

> *"Welches Gebot ist das erste von allen? Jesus antwortete: Das erste ist: Höre, Israel, der Herr, unser Gott, ist der einzige Herr. Darum sollst du den Herrn, deinen Gott, lieben mit ganzem Herzen und ganzer Seele, mit all deinen Gedanken und all deiner Kraft. Als zweites kommt hinzu: Du sollst deinen Nächsten lieben wie dich selbst. Kein anderes Gebot ist größer als diese beiden."*
> *(Markus 12, 28b-34)*

Von diesem Gebot lernen wir früh, bereits im Pflichtschulalter im Religionsunterricht. Obwohl die Formulierung des Gebotes sehr klar ist, blieb doch vor allem der erste Teil bei uns vorrangig gespeichert und wir versuchen unser Bestes, gut zu sein, in dieser Welt und im Umgang mit anderen. Dabei vernachlässigen wir die eigentliche Saat für den von uns angestrebten fruchtbaren Boden, die unabdingbare Voraussetzung für das liebevolle Sein mit unseren Mitmenschen: die Selbstliebe. Lass uns dieses essentielle Grundprinzip wieder in den Vordergrund rücken, das heißt: Fangen wir bei uns selber an!

Versorge auch dich. Während du versuchst, gut (mit und zu) anderen zu sein, übersiehst du vielleicht zu sehr, dass du auch gut zu dir selber sein sollst und darfst. Zu gefährlich erscheint es dir, dass du dann als Egoist bewertet werden und du dann vielleicht ganz alleine stehen würdest. Und vielleicht wunderst du dich dann auch eines Tages, warum du dich ausgebrannt fühlst oder alleine stehst, obwohl du doch immer gut zu den anderen warst. Der zweite Teil des Gebotes will dich aber darauf aufmerksam machen, dass du auch deshalb bist, um dich selbst mit Liebe versorgen. Soweit so gut. Vielleicht mag mancher Leser diesen Aufruf für sich so akzeptieren können und dieses Wissen auch gerne für sich annehmen. Doch die Theorie dazu alleine reicht nicht. Um theoretisches Wissen erfolgreich in die Praxis zu transferieren, damit sich entsprechende Wirkungen in unserem Alltag manifestieren, bedarf es neu entwickelten Gewohnheiten, noch besser Ritualen. Ritualen, mit denen du kultivierst, dir selber liebevoll zu begegnen, dir selber zu genügen, dich selber zu lieben.

Gedankenimpuls: Bist du dir selber wahrhaftig wert? Kannst du diese Frage ausschließlich mit ja beantworten, wenn nein: Was bräuchte es zuerst?[25]

---

[25] Kurt Tepperwein spricht in diesem Zusammenhang vom „1. Schritt". Recherchiere gerne dazu!

Ein Memo für dich zu Kapitel 2

1. Täglich kehren immer wieder dieselben Gedanken zu dir zurück, wovon die meisten negativ sind und jedoch dein ganzes Sein bestimmen.
2. Eine wichtige Differenzierung ist zwischen „Du bist, was du denkst" und „Du bist nicht deine Gedanken" zu verinnerlichen.
3. Emotionen befeuern deine Gedanken und geben ihnen den notwendigen Aufwind, um für dein Leben als Ursache zu wirken.
4. Der Großteil all unserer gebenden Akte ist intendiert.
5. Altruismus ist oft nichts Anderes als getarnter Egoismus!
6. Du bist nicht dein Ego („Illusion des Ich"), sondern dein wahres Selbst.
7. Im Dramadreieck nach Stephen Karpman bewegen sich Opfer-Täter-Retter dynamisch in einem Kreislauf.
8. Unser Selbstwert ist durch viele Glaubenssätze blockiert und erst über die Erinnerung an das Selbst so richtig möglich.
9. Um deinen Selbstwert zu pflegen, bedarf es deiner Selbstliebe!

Deine Notizen:

____

____

____

____

____

____

3. BEDINGUNGEN FÜR EIN GEBEN & NEHMEN IN BALANCE

Da wir uns bereits viel mit dem Hintergrund unseres Gebens beschäftigt haben, lass uns nun, um vertiefende Einsicht zu erlangen, auch die Polarität des Nehmens hinzunehmen, um schließlich, für unser aller Wohl, zu betrachten, wie Geben & Nehmen in Balance beziehungsweise im Einklang gelingen kann.

Geben und Nehmen, ein Prozess, der in aller Munde ist. Wir alle wuchsen auf und lernten dabei früh, dass es besser ist, zu geben, als zu nehmen, denn wir sollen und wollen doch alle gute Menschen sein und keine Egoisten! Im Laufe der Jahre unseres Lebens erlebten wir sicher aber alle ebenso dabei, dass diese Einstellung vielleicht nicht immer für uns förderlich ist. Wie bringen wir also beides, Geben & Nehmen, in den Einklang, in Balance?

3.1.　　EINE ÜBUNG ZU BEGINN

Übung: *Atme jetzt einmal gegenwärtig in dich hinein. Atme ein und nimm wahr, was passiert, atme wieder aus. Wiederhole noch einmal. Nimm wahr (Pause).*

Was konntest du wahrnehmen, was passiert während deines Atemvorgangs?

Gedankenimpuls: (Bevor du weiterliest bitte gleich durchführen!) Wie kannst du dein Atmen mit unserem Thema, Geben & Nehmen, in Verbindung bringen?

Wenn du einatmest, nimmst du oder gibst du? Wenn du einatmest, nimmst du, oder? Nämlich die Atemluft aus deiner Umgebung, nimmst Leben („*prana*"[26]) und gibst es in dich hinein, gibst Sauerstoff in deinen Körper und versorgst ihn damit, versorgst deine Zellen, deinen Blutkreislauf. Atme ein und du spürst, wie du Leben nimmst, und wie du dich mit Leben beseelst: „Atman" - Lebenshauch, ein Sanskrit-Begriff aus der indischen Philosophie mag sehr gut diesen Atemvorgang zu beschreiben: Dein Atem ist Leben. Atem, Leben nehmend gibst du es zugleich. Wenn du ausatmest, versorgst du dich, die Bäume, die

---

[26] Prana, ein Sanskrit-Begriff, bedeutet im Hinduismus Leben, Lebenskraft oder Lebensenergie.

Pflanzen, deine Umwelt im selben Atemzug, um dich herum; sie erhalten dein produziertes Kohlenstoffdioxid. Geben & Nehmen passiert ständig, ist allgegenwärtig – so wie unsere Atmung. Wahrhaftiges Geben und Nehmen ist in diesem Beispiel repräsentiert, in diesem Beispiel des natürlichen Atmens. Dein Atmen verbindet dich mit deinem Leben. Dein Atem hält dich am Leben, schenkt dir Leben. Du atmest dein Leben ein und gibst dein Leben auch wieder hinaus, beständig. In vollstem Vertrauen. Geben & Nehmen geht hier Hand in Hand, du fürchtest nicht um deinen nächsten Atemzug, im Gegenteil: Du lässt dich da hinein, dein Atem begleitet dich den ganzen Tag, so sehr, dass du gar nicht darauf achtest, so sehr bist du in Vertrauen. Ist es nicht so? Es ist jenes selbe Vertrauen, das du hattest, als du hier im Mutterleib auf diese Welt kamst: Du hattest vollstes Vertrauen. Fühle kurz nach, erinnere dich. Du bist einfach gewesen, einfach gewachsen, einfach entstanden – voller Vertrauen und Hingabe an den Moment und dem, was sein darf.

Exkurs: Das Wort **Hingabe** wird dir in diesem Buch noch öfters begegnen, deshalb lass uns das hierbei verwendete Sinnverständnis gleich klären. Eckhart Tolles Definition ist die für mich klarste und ich möchte sie daher an dieser Stelle gerne zitieren: *„Hingabe – das Loslassen von geistig-emotionalem Widerstand dem gegenüber, was ist."*[27]

Auch wenn du dir dessen nicht bewusst ist und viele kontrahierenden Gegenprogramme laufen, dieses Vertrauen ist immer noch da, in dir: Du hast es in dein Leben mitgenommen. Es ist deine Atmung, die dich daran

---

[27] Tolle, Eckhart: Jetzt! Die Kraft der Gegenwart, Kamphausen, 15. Auflage, 2020, S. 161.

erinnert. Wie oft atmest du in Angst um den nächsten vielleicht nicht einsetzenden Atemzug? Beziehungsweise, wie oft vertraust du blind deiner Atmung, die an deine gesamte Existenz gekoppelt ist? Spich: Wie sehr vertraust du eigentlich nämlich wirklich und wahrhaftig deiner Existenz? Spür bitte hier gerne nach und leg das Buch kurz zur Seite.

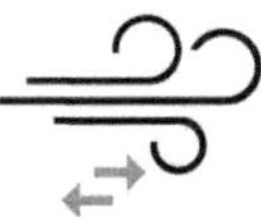 Atmend gibst und nimmst du also zugleich. An diesem Beispiel kannst du die reine Form von Geben & Nehmen erkennen, nämlich, wie du nimmst und gibst zugleich. Ein reines Geben & Nehmen versorgt und gibt, ist harmonisch und natürlich. Zwei scheinbare Polaritäten, Geben & Nehmen, die hier in der Mitte klar eins werden – vielmehr: sind! Dort, wo sich die Polaritäten aufheben, dort, wo dein Geben & Nehmen natürlich ist, fließend, friedvoll, freudvoll, erhebend, kraftgebend. Wenn dein Geben & Nehmen im Fluss ist, dann ist dein Geben rein und herzverbunden. Ist dein Geben nicht reiner Absicht, so kostet es dich Kraft, ist anstrengend und mühevoll, es gibt dir nichts, es nimmt dir etwas. Es geht dabei also auch um die innere Absicht, wie so oft. Ist es eine motivierte Absicht, aufgrund dessen der du gibst? Ist es eine um-zu-Handlung, „ich gebe, um .. zu"? Was also ist deine innere Absicht?

Nun möchte ich dich kurz auf eine Reise zu einem Kapitel meiner eigenen Geschichte mitnehmen, auf einen Erfahrungsbericht aus meinem Leben, als das Geben & das Nehmen in mir auseinanderdrifteten, wie ich damit umging, was ich dabei erlebte und was sich daraus entwickelte.

3.2.   EIN ERFAHRUNGSBERICHT ZU BEGINN

Nun folgt mein eigener Erfahrungsbericht eines nicht mehr fließenden Gebens, der zeigt, wie sich wahres Geben anfühlt – und, wenn Geben nicht mehr stimmig ist.

Geben & Nehmen Zeit meines Lebens (im Fluss)

Ich habe Zeit meines Lebens immer gerne gegeben. Während ich mein Studium absolvierte, war ich Nachhilfelehrerin für Schüler und hielt gleichzeitig Kurse für Erwachsene, in denen ich ihnen die Sprache Italienisch, die ich als Fremdsprache fließend in Wort und Schrift beherrsche, ohne Vorkenntnisse so lehrte, dass sie sie nach einiger Zeit selbstständig anwenden konnten. Klarerweise wurden dabei auch so manche Facetten des Egos (z.B. durch gute Rückmeldungen) befriedigt, jedoch, gerade im Bereich der Nachhilfe, breitete sich zum weitaus größeren Teil ein immer tiefes Gefühl von Zufriedenheit und Glückseligkeit in mir aus. Ich merkte, dass dadurch, dass ich gab, ich augenblicklich ebenso etwas erhielt. Etwas, das mich nährte, etwas, das mich von innen streichelte, etwas, das meine Wurzeln pflegte, etwas, das mehr Glück als jegliches äußere sonstig erworbene materielle Ding in mir generierte. Eine wunderbare, fließende, stimmige, friedvolle und erhebende Erfahrung. Während ich gab, fühlte es sich für mich an, als ob ich erhielt. Geben & Nehmen im Einklang, wahrhaftiges Geben.

Ungleichgewicht im So-Sein

Nach vielen Jahren des Soseins bemerkte ich ein inneres Ungleichgewicht, mittlerweile war mein spielerisches Sosein längst mein Beruf und zu meinem Lebenserwerb geworden, doch ich verspürte nach über 15 Jahren nicht mehr jenes überschwappende Meer an Glücksgefühlen. Ich fühlte, dass mein Geben & Nehmen ins Ungleichgewicht geraten war. Doch woran lag es? Outete sich hier mein Helfersyndrom, das nun symptomatisch wurde, oder war es, dass meine Zeit des Soseins abgelaufen war und neue Ufer riefen? Doch was war es, dass sich nach einer abgelaufenen Zeit anfühlte? War es tatsächlich ein Ungleichgewicht im Geben und Nehmen? Dass nach Jahren des Gebens mittlerweile zu wenig Nehmen dabei war? Ich fühlte nach und erkannte: Nein, das war es nicht. Es lag natürlich nicht im Außen, es lag *in mir*. Es lag daran, dass mein Geben nicht mehr rein war, nicht mehr fließend, nicht mehr gewählt. Mein Geben war mittlerweile ein Job geworden, den ich mit Leistung und Sorgfalt erledigte, bei dem ich aber nicht mehr mit dem Herzen dabei war. Vielmehr erledigte ich meine Dinge rund um dieses Sosein aus einer bestimmten Verantwortung, aber es war nicht mehr herzverbunden. Deshalb fühlte ich auch nicht mehr jenes Gefühl in meinem Brustkorb.

Gleichgewicht und Flow durch Loslassen

Deshalb war es auch an der Zeit, diese Art des Gebens entweder zu ändern oder zu lassen. Ich entschied mich, diese Art des Gebens zu lassen, denn es fühlte sich nicht mehr richtig an, krampfhaft zu etwas zurückzukehren, von dem ich mich selbstständig im Flow entfernt hatte. Die Folge war auch, dass sich dieses nicht mehr Nehmen – trotz gleichbleibenden Gebens – nicht „nur" innerlich zeigte. Sondern auch im Außen. Das Zurückfließen im materiellen Sinne meines Gebens stand trotz intensiven Gebens in keinem Gleichgewicht mehr mit dem, was ich für mich daraus nehmen konnte.

Gegenspieler

Als ich das gesamte Ausmaß für mich erkannte, hieß es, loszulassen, dieses Sosein gehen zu lassen, sodass es fließend in ein neues übergehen durfte. Im Außen wurde, zum Teil mit allen Mitteln, versucht, mich davon abzuhalten. Kurz vor Schluss (meine Entscheidung zu leben) zeigten sich natürlich Gegenspieler, die mich triggerten, NICHT meinen herzbasierten Weg zu absolvieren, jenen alten Weg loszulassen mir nicht zu erlauben, neu sein zu dürfen und im Einklang mit meinem wahren Selbst zu leben. Verführt wurde ich regelrecht dadurch, dass ich so viele Kunden wie niemals zuvor hatte.

Doch ich änderte, stand zu mir, gab mich hin, in völliger Hingabe zu meinem nun wieder stimmigen Leben und blühte in Folge auf, erlaubte mir die schmerzenden Schatten der jüngsten Vergangenheit zu fühlen und wandte mich wie eine Blume wieder dem Licht zu. Das was sich vorher schwer anfühlte, war jetzt leicht – ich folgte meiner Intuition. Der Weg der Intuition ist immer leicht.

Hinweis: Im Laufe dieses Buches wird dir, inspiriert durch Kurt Tepperwein, noch öfter der Begriff des „Soseins" begegnen – und an passender Stelle erläutert. Dieser Begriff wird für unseren Zusammenhang in ein „Sogeben" adaptiert, mithin die Art und Weise, wie du gibst.

3.3.   PATHOGENESE UNSTIMMIGEN GEBENS

Die Pathogenese untersucht die Entstehung und Entwicklung von Krankheiten. Auch ein unharmonisches (konstantes) Geben entwickelt pathologische Züge. Zu geben per se sei hier keineswegs abgesprochen, im Gegenteil, ein Appell für eine Sensibilisierung für ein wahrhaftiges Geben ist, was ich hier mit dir gerne gemeinsam betrachten möchte.

Wir haben gesehen, dass viele unserer gebenden Handlungen in ihrer Absicht nicht ident mit ihrer „Verpackung" sind. Würde es sich um einen rein gebenden Akt handeln, wäre die Absicht ebenso jene des „einspurigen" Gebens und nicht die jedoch meist verbreitete Variante des Gebens in Erwartung, etwas zurück zu erhalten. (Und sei es auch „nur" die Wertschätzung, die Dankbarkeit oder die Anerkennung durch den anderen.)

Damit Absicht und Handlung übereinstimmen und wir in Folge eben auch jenes ernten, was wir ursprünglich säen wollten, bedarf es der Aufrichtigkeit, der Wahrhaftigkeit und der Reinheit. Geben wir in vermischter Absicht, in der „um-zu-Absicht", so wird uns gebend genommen, etwas fehlen, das später als nicht vorhandener Ausgleich (bzw. als nicht wie geplant erwarteter Ausgleich) spürbar wird.

Aus genau diesem Geben in Dysbalance entsteht ein Mangelbewusstsein, Burnout-Symptome zählen zu den Boten dieser toxischen Struktur. Intendiertes Geben hinterlässt seine Spuren. Die gelebte Unverbundenheit zu sich selber fordert, wie in allen solchen gelebten Situationen, ihren Tribut. Messbar ist dies vor allem an Unzufriedenheit, nicht in Frieden zu sein, in Erwartung zu sein, Sehnsucht oder Reue zu verspüren.

3.4.   NOCH EIN ERFAHRUNGSBERICHT: BURNOUT

Es war ein Tag im September 2015: Der Wecker klingelte. Eigentlich wollte ich wie jeden Tag aufstehen, eine halbe Stunde Yoga machen, duschen und dann nach Linz in die Arbeit fahren. Doch nichts ging mehr. Nur mit Mühe konnte ich die Augen öffnen, um sie gleich wieder zu schließen. Mein Körper fühlte sich wie gelähmt an, wie festgebunden ans Bett. Zu schwach, um auch nur die Augenlider wieder zu heben. Der Morgen, an dem ich nach Jahren im gefühlten freien Fall endlich am Boden aufschlug. Bam. Nichts geht mehr. Völlig erschöpft, Akku leer, ausgebrannt, Depression, landläufig gerne Burnout genannt. Mein von außen betrachtetes, perfektes Leben zerbröselte, löste sich in Luft auf. Und auch ich hatte das Gefühl, mich aufzulösen, spürte mich nicht mehr, weil alles, über das ich mich identifiziert hatte, plötzlich wegbrach.

Mühsam kämpfte ich mich über ein Dreivierteljahr ins Leben zurück: Anfangs war der Weg vom Bett zur Couch so anstrengend, dass ich dort gleich wieder einschlief. Irgendwann ging ein Spaziergang auf der Terrasse, viel später kleine Runden um unser Haus, bis ich irgendwann auch wieder Wandertouren unternehmen konnte. Schwindel, Ohrensausen, Panikattacken, diese unglaubliche Müdigkeit und Schwäche. Yoga, Achtsamkeitsübungen, Meditation – das alles hatte ich vorher schon praktiziert und half mir jetzt, das Gefühl für mich selbst zurückzubekommen. Das Schwerste war anfangs, mir selbst einzugestehen, dass ich erst mal nicht mehr in die Arbeit konnte, das Gefühl, mein Team im Stich zu lassen.

Ich träumte schon während der Zeit am Gymnasium davon, Psychologie zu studieren, das Innerste der Menschen zu erforschen. Ich schaffte jedoch den deutschen Numerus Clausus für einen Studienplatz nicht, saß auf der Wartebank. Also machte ich Praktika und landete bei einer Zeitung, bei der ich eine Ausbildung zur Redakteurin machte. Mit 25 Jahren bekam ich die Bundesland-Redaktionsleitung einer österreichischen Tageszeitung übertragen. Schnell wurde mein Team immer weiter dezimiert, ich übernahm zusätzliche Aufgaben, machte im Grunde den Job von vier. Ich identifizierte mich so sehr mit meinem Job, dass es mich persönlich traf, wenn wir einen Tippfehler in einer Überschrift übersahen. Zusätzlich pendelte ich jeden Tag morgens eine bis 1,5 Stunden nach Linz – abends ging es genauso lange zurück. Nebenbei organisierte ich mit meinem damaligen Freund den gemeinsamen Hausbau, dann unsere Traumhochzeit. Von außen sah alles perfekt aus: Top-Karriere, eigenes Haus, tolle Beziehung. Doch nichts davon entsprach meinem Innersten, sondern war entsprungen dem Idealbild, das meine Glaubenssätze, mein Mangel kreiert hatten. Wie sehr ich gegen mein Wesen lebte, erkannte ich erst viel später. Ich rannte, kämpfte, tat alles, gab alles – als ginge es um mein Überleben. Mein Körper rebellierte längst: Über Jahre litt ich an starken Rückenschmerzen, für die kein Arzt je eine Ursache fand, gegen die kein Schmerzmittel half. Mit dem Tag des Stillstands waren diese verschwunden.

Was war passiert? Ich hatte alles gegeben. Ich hatte alles im außen gegeben – nur mir selbst nicht das, was ich brauche, genommen. Ich wollte über das überdimensionale Geben einen unglaublichen Mangel in mir ausgleichen. Geben, um zu bekommen. Dieser Mangel, die Sehnsucht ließ mich auf Autopilot rennen, wie ein Roboter seine Aufgaben erfüllen und noch viel mehr. Nie war es genug. Meine Wahrhaftigkeit und das Gefühl für mich selbst und meine eigenen Grenzen hatte ich dabei völlig verloren. Mittlerweile weiß ich, dass der Hauptgrund für die meisten Depressionen genau das ist: Leben gegen seine eigene Wahrhaftigkeit, gegen das wahre Selbst. Und so war es auch bei mir. Die innere Stimme sagt es uns eigentlich ganz genau, was wir brauchen, was wir wollen, welche Aufgabe wir im Leben haben. Das erfüllen und uns selbst geben, können wir nur selbst. Dafür müssen wir dieser Stimme, die uns führt, wenn wir sie lassen, erst einmal Gehör schenken und uns unsere eigenen Bedürfnisse erlauben. Oft kommen uns hier innere Glaubenssätze in die Quere, wie „Ich bin nicht gut, so wie ich bin", „Ich bin nicht wichtig", „Ich bin nur liebenswert, wenn...". So auch bei mir.

Diese Glaubenssätze, die wie eine Umprogrammierung wirken und uns auf Autopilot in eine andere Richtung rennen lassen, sind harte Brocken. Sie zu erkennen ist das eine, sie zu heilen steht auf einem ganz anderen Blatt. Sind wir noch nicht ganz in Frieden mit ihnen, fühlt es sich jeden Tag wie ein Kampf an: Die bewusste Entscheidung in jedem einzelnen Augenblick, nicht den Autopiloten übernehmen zu lassen, sondern achtsam mit sich selbst umzugehen. Achtsam mit den eigenen Bedürfnissen, achtsam mit der eigenen Wahrhaftigkeit, achtsam mit dem eigenen Geben. Und auch mit dem Nehmen. Nur das zu geben, was ich geben möchte, ohne dafür unbedingt etwas Bestimmtes bekommen zu wollen. Nicht mehr das zu geben, was ich glaube, geben zu müssen. Und sich auch zu erlauben, das zu nehmen, was ich bekomme und was ich brauche.

Mittlerweile habe ich eine Yogalehrerausbildung gemacht, stecke gerade mitten in meiner Lebens- und Sozialberaterausbildung. Mit fast 40 Jahren habe ich mir endlich erlaubt, den beruflichen Weg einzuschlagen, von dem ich so lange schon träume. In meinen Yogakursen und Workshops, die ich halten darf, fühle ich vollkommene Erfüllung. Genau hier darf ich das erleben, was es bedeutet, absichtslos zu geben. Ich biete an, was aus meinem Herzen kommt – ob es die Teilnehmer nehmen wollen oder nicht, spielt für mich dabei keine Rolle. Der Rückfluss, den ich in diesen Gruppen spüren darf, ist enorm. Es kommt noch viel mehr, als ich aussende und gebe, zu mir zurück. Ich bin nach diesen Stunden herzerfüllt, energiegeladen, zufrieden, ganz bei mir.

Was ich in diesem Bereich kann, mein wahres Selbst zu leben, fällt mir zugegeben in anderen Lebenssituationen noch schwerer. Ich vergleiche mich in dieser Hinsicht gerne mit einem trockenen Alkoholiker, der auch von Zeit zu Zeit seine Sucht, seine Sehnsucht, spürt. Ich sehe diese Momente als Warntafeln: Achtung, der Autopilot will übernehmen. Dann heißt es wieder abchecken: Bin ich noch in der

Wahrhaftigkeit? Höre ich mein wahres Selbst? Nehme ich genug? Was und wie gebe ich?

Jessica Hirthe
www.hirthe.at

PS: Du findest auch ein Interview mit mir zu diesem Thema im Rahmen des The Awakening!Summit auf YouTube: **„Jessica Hirthe: Burn Out – Der Urknall für dein neues Leben"** https://www.youtube.com/watch?v=9M1C6A7L2PI

3.5.   SALUTOGENESE: WAHRHAFTIGES GEBEN

Im Gegensatz zur Pathogenese untersucht die Salutogenese, was es braucht, damit Gesundheit sein darf.

Wahrhaftiges Geben zeichnet sich durch Leichtigkeit aus, durch ein im Flow sein, einem reinen Herzen während des gebenden Aktes, dem Gefühl der Verbundenheit, der Hingabe und Aufrichtigkeit sowie der Balance, dass einem danach nichts fehlt und man somit auch nichts im Gegenzug erwartet. Geben fühlt sich dann kraftgebend und nicht kraftkostend an. Wahrhaftiges Geben ist also spür- und messbar!

Wahrhaftiges Geben ist reines Geben, etwas, das dir nichts nimmt, wenn du gibst. Hingegen ist falsches Geben Geben in Erwartung, jenes, während du gibst und im Gegenzug erwartest.

An dieser Stelle darf auch nicht außer Acht gelassen werden, wie wichtig hierbei auch Abgrenzung ist. Abgrenzung bedeutet, seine eigenen Grenzen zu wahren, bedeutet aber eben ebenso, seine eigenen Grenzen zu spüren, sprich, bewusst zu sein, bei und mit sich selber, zu leben, wer und wie man ist, egal welche Uhrzeit oder welche Tugend gerade rufen würden. Was ist jetzt gut für mich? Was brauche ich jetzt wirklich? Wo ist ein Nein das wahre Ja zu mir selber?

> *Abgrenzung ist notwendig. Musst du noch oder willst du schon?*
>
> *An manchen Tagen spüre ich, dass mir heute alles zu viel ist und ich mich manchmal selber wie ein eingeschaltetes intelligent phone fühle. Multitasking, immer auf dem Punkt, alles im Griff. Heute nicht! Ich lasse mich treiben, verziehe mich auf die Couch, Decke drüber, Welt aus – mein Handy ist irgendwo oder ich gehe raus und … bin nur für mich da. Halt… darf man das denn heutzutage überhaupt?*
> *Will ich, was ich muss?*
> *Ständig und überall erreichbar. Die aktuellsten Apps installiert: Lifestyle, Vitalität, Coolness, Fitness natürlich alles täglich am Programm. Neue Freundschaftsanfragen auf Facebook von offensichtlich mir unbekannten Personen, neue WhatsApp- Nachrichten, unbearbeitete Emails, offene Rechnungen, offene Punkte auf der Todo- Liste, ein Einkaufszettel, ach, Abstauben wäre auch wieder notwendig! Ich muss!*

Gedankenimpuls: Weißt du überhaupt, was Du willst oder besteht ein Großteil des Tages aus vielen sich aneinandergereihten "ich muss…"? Versuch es! Ersetze ein "ich muss" durch ein "ich will" bei einer deiner nächsten Aufgaben. Anstatt zum Beispiel zu sagen: "Ich muss jetzt noch schnell einkaufen", sag: "Ich will jetzt einkaufen gehen." Spüre in dich hinein und du merkst gleich, welch andere Dynamik und Energie ein "Ich will…"- Satz hat. Die Aufgabe fühlt sich plötzlich harmonisch und freudig und als positive Herausforderung an – oder aber man erkennt, dass man etwas ja gar nicht will!

> *„Schmerzt dich tief in der Brust das harte Wort „du musst", dann macht dich eins nur still, das stolze Wort „ich will."*
> *(Unbekannt)*

3.6.   STIMMIGKEIT

Wahrhaftiges Geben ist Geben in Stimmigkeit. Der Duden bietet als Bedeutungen für Stimmigkeit, Stimmigsein und Harmonie an, für das dazugehörige Adjektiv stimmig, übereinstimmend, harmonisch und zusammenpassend. Auch in der Kommunikationspsychologie wurde Stimmigkeit eine wichtige Bedeutung durch den deutschen Psychologen und Kommunikationswissenschaftler Hr. Schulz von Thun (*1944) beigemessen.

„Stimmigkeit heißt: in Übereinstimmung mit der Wahrheit der Gesamtsituation, zu der neben meiner inneren Verfassung und meiner Zielsetzung auch der Charakter der Beziehung (auch: Rollen-Beziehung), die innere Verfassung des Empfängers und die Forderung der Lage gehören."[28]

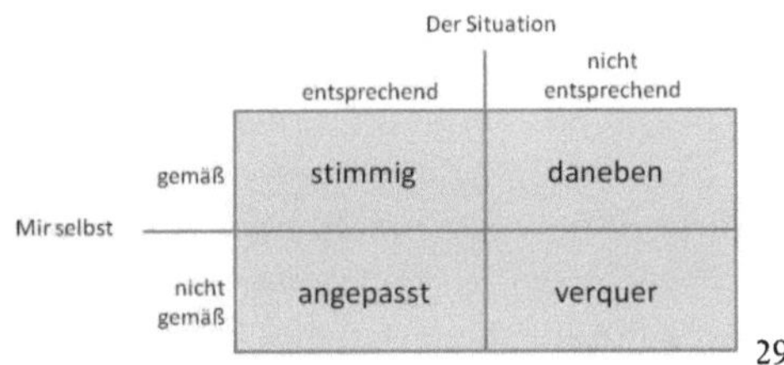

Abbildung 6: Stimmigkeit (Schulz von Thun)

---

[28] Schulz von Thun, Friedemann: Miteinander Reden Band 1, Rohwolt Taschenbuch, 1981, S. 121.

[29] Schulz von Thun, Friedemann: Miteinander Reden Band 3, Rohwolt Taschenbuch, 1998, S. 306.

Stimmig ist nach Thuns Schema also, wenn mein Selbst in harmonischer Korrespondenz mit der jeweiligen Situation ist/schwingt. Der österreichische Kommunikationswissenschaftler, Psychotherapeut, Philosoph und Autor Paul Watzlawick (1921 – 2007) gebrauchte diesen Begriff in einem anderen, noch größeren Sinne, nämlich ist nach ihm Stimmigkeit ein "harmonisches Einssein mit der Welt"[30].

Stimmig in unserem Kontext ist, wenn dein Verhalten (etwa eine Handlung) deinem Selbst entspricht, nämlich *wenn: das, was du tust* (körperliche Ebene), *mit dem, was du denkst* (geistige Ebene) und *dem, was du glaubst* (seelische Ebene), übereinstimmt. Stimmigkeit ist wiederum Ausdruck und Sprachrohr unserer Intuition, welche wiederum direkt durch unser (Wahres) Selbst wirkt. Stimmigkeit ist die klare, innere Stimme ("Stimmigkeit"). Man spürt auf allen Ebenen, wenn sich etwas stimmig anfühlt:

<u>Körperliche Ebene</u>
erhebend, friedvoll, freudvoll, liebevoll, fließend, verbindend, kräftigend
<u>Geistige Ebene</u>
Geist klärend, bewusst machend, "Aha-Erlebnis"
<u>Seelische Ebene</u>
herzöffnend, harmonisch

Einige Phänomene in unserer Umwelt zeigen uns auf, wie mühelos Stimmigkeit gelingen kann, denke man etwa an die Navigation von Tieren, die weite Wege durch die Lüfte und Meere zurücklegen, um zu ihrem Brutplatz bzw. zu ihrer Futterquelle zu finden oder an Hunde, die

---

[30] Paul Watzlawick: Vom Unsinn des Sinns und vom Sinn des Unsinns. Serie Piper, 1995, S. 39.

schon am Eingangstor warten, obwohl s´Herrli bzw. s´Frauli noch gar nicht in Sichtweite ist.

Stimmigkeit bedeutet auch immer Angemessenheit, ohne oder auch mit Wahl, aber ohne Absicht, im Fluss. Angemessenheit bedeutet, niemandem mit seinen Handlungen zu schaden und lebensnotwendige Bedürfnisse zu beachten, z.B.: Sorgepflicht von Kindern (Nahrung, Schutz, …), der Spaziergang des Hundes, etc.

Zur Stimmigkeit reiht sich auch der Flow hinsichtlich der Salutogenese zu Geben & Nehmen ein. Flow, aus dem Englischen, bedeutet Fluss und bezieht sich auf unser Sein wie im Fluss, bzw. wie ein Fluss, wie Wasser, nichts vorgebend, einfach fließend.

> *Das Flow-Erlebnis ist ein spezielles Phänomen der intrinsischen Motivation, das vor allem von Csikszentimihályi (1975, 1992) untersucht wurde. Bezeichnet wird damit der Zustand des reflexionsfreien gänzlichen Aufgehens in einer glatt laufenden Tätigkeit, die als angenehm erlebt wird und zu Zufriedenheit und freudvollem Erleben führt.* [31]
> (Stangl)

Der Flow bedeutet die Verschmelzung und Vereinheitlichung aller Ebenen, es besteht keinerlei Mühe, Anstrengung oder Hartnäckigkeit, im Gegenteil, es wird die reine Hingabe gelebt. Im Flow zu sein bezieht sich

---

[31] Stichwort: 'Flow'. Online Lexikon für Psychologie und Pädagogik. WWW: https://lexikon.stangl.eu/303/flow/ (2019-06-01).

dabei auf alle Bereiche unseres Seins und Lebens. Handelt man in dauernder Stimmigkeit, ist man ebenso im Flow.

Gedankenimpuls: Wo erlebst du, in deinem Leben im Flow zu sein?

Stimmigkeitstraining:

1. Kongruent handeln

Das Stimmigkeitstraining per se ist natürlich Stimmigkeit bzw. genauso Unstimmigkeit wahrzunehmen. In weiterer Folge, nach der Wahrnehmung, geht es darum, entsprechend zu lernen, zu handeln, nämlich stimmig – und zwar für einen selber. Dies kann bedeuten, dass es für einen Dritten als womöglich nicht zur Situation passend oder unhöflich erscheint. Das ist auch der Grund, warum es Vielen oft schwerfällt, der eigenen Stimmigkeit zu vertrauen und entsprechend zu handeln – oftmals aus Angst, nicht verstanden oder sogar ausgegrenzt zu werden. Es ist aber jedoch so wichtig, immer öfter seine eigene Stimmigkeit zu trainieren, denn je öfter man diese ignoriert, desto schwieriger wird es, diese wieder bewusst wahrzunehmen. Spür mal nach:

- *Hast du schon einmal an einer Veranstaltung teilgenommen, die du für andere besucht hast, du dich aber einfach nicht wohlgefühlt hast?*
- *Hast du schon einmal „ja" gesagt, obwohl du eigentlich lieber mit „nein" geantwortet hättest?*
- *Hast du schon einmal aus Angst, obwohl du so gerne gewollt hättest, etwas nicht gemacht?*
- *Bist du schon einmal in einer Situation verharrt, obwohl du sie bereits lieber viel früher verlassen hättest wollen?*

2. Im Anderen das Stimmige ansprechen

Wann immer uns etwas am Anderen stört, sollten wir uns auf den Teil im Anderen konzentrieren, der „stimmig" ist. Oft besteht eine Negativprojektion zwischen zwei Menschen nur noch aus der starken Macht der Gewohnheit. Jedoch: Das, was wir im Anderen ansprechen, wird uns antworten. Wir müssen nur das ansprechen, was wir als Antwort für uns stimmig fühlen. So ist es zielführend, sich auf den Teil des Anderen zu konzentrieren, der „stimmig" ist. Wer hier skeptisch sein mag: Einfach ausprobieren!

3. Eine Zukunft geistig anprobieren

Nicht nur die aktuelle Gegenwart, sondern auch die Zukunft lässt sich bezüglich ihrer Stimmigkeit hinterfragen. Bevor man Energie in ein Ziel steckt, kann man sich vorstellen, dieses Ziel schon erreicht zu haben und fragt sich bewusst: *„Fühlt sich diese Zukunft stimmig an?"* Und dann: wahrnehmen, was sich zeigt, was man dabei fühlt. So findet man die richtige, stimmige Version seiner Zukunft, seines Ziels. Eine Variante, die ich dir hierzu auch sehr gerne empfehle und die ich selber beständig praktiziere, ist auch, sich folgende Frage, wenn es um eine Entscheidung die Zukunft betreffend geht, zu stellen: „Sehe ich mich da bzw. dort?" Versuche dann die stimmige Antwort in der Stille zu vernehmen – und in Folge dieser zu vertrauen und entsprechend stimmig zu handeln.

4. Affirmationen als Hilfestellung beim Training

- ***Ich beobachte immer wieder meine Stimmung erfahre dadurch, was für mich stimmig ist.***
- *Ich bestimme, wer und was zu mir passt.*
- *Ich erkenne, wer und was mit mir auf der gleichen Welle (Frequenz) ist.*
- *Ich suche mir die Menschen aus, mit denen ich etwas zu tun haben will und lass die anderen in Ruhe (in Frieden gehen, ziehen, sein …).*
- *Ich suche mir die Methoden des Lebens aus, die zu mir passen.*
- *Ich beschäftige mich mit Dingen, die mir Spaß und Freude bereiten.*

Gedankenimpuls: In diesem Sinne – heute schon gestimmt?

Ein Memo für dich zu Kapitel 3

1. Was erkennst du an deinem Atemvorgang zum Prozess Geben & Nehmen?
2. Die Pathogenese von einem falschen Geben führt zu Burnout.
3. Ersetze „müssen" durch „wollen" in deinen Aussagen.
4. Handle in Stimmigkeit und trainiere diese. Stimmigkeit ist auf allen Ebenen fühlbar.

<u>Deine Notizen:</u>

4.   DIE GEISTIGEN GESETZE

Die geistigen Gesetze korrespondieren unmittelbar mit dem, was wir erleben, sprich, vom Leben nehmen und zeigen auf, wie sich die zwei Polaritäten Geben & Nehmen in ihrer Mitte begegnen. Vielleicht denkst du bei dem Wort Gesetze sofort an das Rechtswesen, dessen Sanktionen uns bei Nichteinhaltung der Gesetze treffen. Es ist das Leben, das uns trifft bzw. begegnet, entsprechend der Wirkmechanismen der sogenannten geistigen Gesetze. Je nach Literatur spricht man von 10 – 20 geistigen Gesetzen. Diese geistigen Gesetze heißen deshalb so, weil sie von der Schöpfung und vom Leben als solche verstanden werden und entsprechend immer und allerorts sowie für jeden wirken. Es ist nicht bedeutsam, ob du an sie glaubst, sie wirken auch ohne deinen Glauben als universelle Prinzipien unseres Daseins. Sie jedoch zu verstehen, schafft Vertrauen und Ruhe, dass alles in unserem Leben seinen höheren Sinn und Zusammenhang hat. Im Folgenden möchte ich mit dir für unseren Zusammenhang die folgenden geistigen Gesetze betrachten: Das geistige Gesetz der Polarität, das Gesetz von Ursache und Wirkung, das Gesetz der Schwingung, das Gesetz der Resonanz, das Gesetz der Imagination, das Gesetz der Fülle und das Gesetz der Analogie.

4.1.   DAS GESETZ DER POLARITÄT

Das Gesetz der Polarität geht mit dem Verständnis einher, dass es zwei Dinge gibt, die gegensätzlicher nicht sein könnten und die wie zwei Pole in einem Feld gleichzeitig existieren. *Wie* sie miteinander existieren, das beschreibt das Gesetz der Polarität, welches wiederum für ein tiefergehendes Begreifen von Geben & Nehmen unabdingbar ist. Gibt es zwei Dinge, zwei Pole, so erwächst oberflächlich schnell der mathematische und logische Zugang von der Existenz zweiter Einheiten – und ich verwende hier bereits bewusst den Begriff der Einheit, anstatt z.B. von zwei Dingen zu besprechen. Werfen wir also zunächst einen Blick auf die entsprechenden Begriffsdefinitionen:

- **Polarität**: „auf dem Vorhandensein zweier Pole beruhende Gegensätzlichkeit"[32]
- **Dualität**: „Zweiheit, Doppelheit"[33]

Polarität beschreibt daher mithin eher den Zustand, das Sein zweier Pole, während der Begriff der Dualität beide als singuläre Formen wahrnehmend trennt. Was will uns nun also das Gesetz der Polarität lehren?

Das Gesetz der Polarität untersucht den Raum, in dem sich zwei Pole befinden und besagt generell: Alles, was ist, hat zwei Seiten, zwei Pole und ist in Summe doch eines. Betrachten wir diese getrennt voneinander, spricht man von Dualität. Anstatt gemäß des göttlichen

---

[32] www.duden.de, Stichwort: Polarität.

[33] www.duden.de, Stichwort: Dualität.

Einheitsgedankens geht man hier in Trennung anstatt in Verbindung. Erkennt man hingegen die Pole als Polaritäten, entsteht Verbindung, in deren Mitte, im Einklang, sich die Dualität auflöst. Hier verschwindet die Trennung durch wahrgenommene Dualität und beide Polaritäten werden für das Sein *eines* Ganzen akzeptiert.

Die Polaritäten der Atmung, der Akt des Einatmens einerseits und der des Ausatmens andererseits, lassen sehr gut erkennen, warum es in Wahrheit gar keine Dualität gibt und Einssein durch Polaritäten bedingt ist. Erinnere dich an die Anfangsübung unserer bewussten Atmung: Du atmest ein, du atmest aus, du nimmst, du gibst. Ein- und Ausatmen bedingt sich und es braucht beides für ein Ganzes, um *ein* Atemzug zu sein. Die wahre Nichtexistenz von Dualität verbirgt sich in allen Polaritäten, wie z.B. in Gut & Böse, Liebe & Hass, Licht & Finsternis, Ursache & Wirkung, männlich & weiblich (Yin & Yang) sowie in Subjekt & Objekt. Das eine kann ohne das andere nicht sein, beide Polen bedingen einander.

Das „Gegensatzpaar" Geben & Nehmen entspricht ebenso zweier Polaritäten und verdeutlicht, wie Polaritäten keine Kontrahenten, Gegenspieler oder Gegensätze sind, sondern Ausprägungen eines Ursprungs sind, denn: Wie könnte gegeben werden, wenn niemand da wäre, der nehmen würde? Und: Wie könnte man nehmen, wenn niemand gibt? Das eine bedingt das andere und kann auch nicht ohne das andere existieren.

> *„Wir sind ungetrennte Teile dieses Allerhöchsten,*
> *des Einen Seins."*

(Kurt Tepperwein)

Gedankenimpuls: Wo kannst du eine wahrgenommene Dualität in Polaritäten begreifen und in das Einssein bringen?

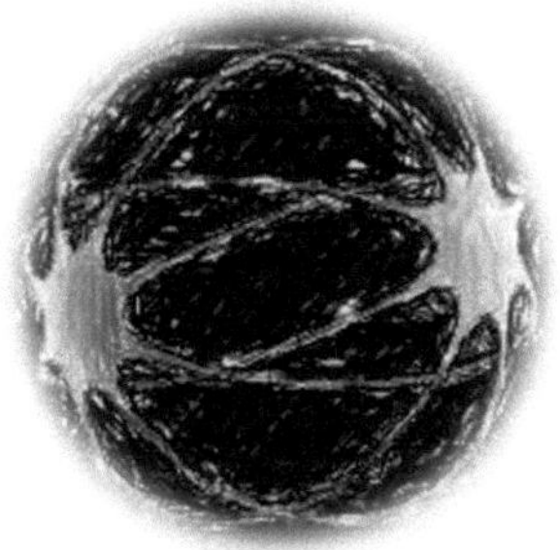

4.2.   DAS GESETZ VON URSACHE UND WIRKUNG

Alles, was wir säen, werden wir ernten, nicht nur auf dem Feld, auch im übertragenen Sinne. Dieses Lebensprinzip ist längst auch aus dem westlichen Raum bei uns angekommen und begleitet die verschiedensten Lehren in der Persönlichkeitsentwicklung. Das, was wir säen, ist auch das, was wir geben. Doch hierin verbirgt sich meist eine Falle subtiler Natur, da wir zum Großteil unbewusst säen. Wenn dann die Ernte in der Frucht des Lebens in Erscheinung tritt, wollen wir zumeist nicht mehr, was wir in jenem subtilen Moment eben „aufgeladen" haben. Doch wir laden nicht nur unbewusst Früchte in unseren Erntekorb, es sind auch viele bewusste, gebende Momente, durch die wir unsere Zukunft formen. Du wirst ernten, was du säst. Der metaphorische Vergleich mit der Saat und Ernte ist auch umgangssprachlich weit verbreitet und wird für viele Aspekte unseres Lebens verwendet, fernab der Landwirtschaft. Das Sprichwort kommt ursprünglich aus der Bibel. Der Apostel Paulus schreibt im Brief an die Galater, Kapitel 6, Vers 8:

> *„Irrt euch nicht! Gott läßt sich nicht spotten. Denn was der Mensch sät, das wird er ernten. Wer auf sein Fleisch sät, der wird von dem Fleisch das Verderben ernten; wer aber auf den Geist sät, der wird von dem Geist das ewige Leben ernten."*
> *Galater 6:7-8 / LUT*

Die Interpretation des letzten Verses dieser Zeilen lässt auf die Achtsamkeit und Wichtigkeit dessen, was wir säen, aber auch auf welchen Boden wir säen, schließen.

> ### *Geschichte vom Säen*
> *Ein Mann ging durch seine Stadt und entdeckte einen Laden, den er vorher noch nie gesehen hatte. Über dem Laden stand ein Schild: Hier können Sie alles haben, was Sie wollen. Und er ging hinein und fragte den Inhaber: "Ist es richtig, hier kann man alles haben, was man will?" "Ja", sagte er, "Sie können alles haben, was Sie wollen." "Das ist ja interessant", sagt der Mann, "dann möchte ich Gesundheit, Reichtum und Frieden für die Welt ... "Moment, Moment, Moment", sagt der Inhaber, "wir sind eine Samenhandlung. Hier können Sie nur Samen bekommen. Säen müssen Sie schon selbst. Aber wir haben alle Samen da, Sie können säen, was Sie wollen."*

Aus dieser kleinen, wunderbaren Geschichte geht auch der Schöpfer-Aspekt, jener, der das Höchste unseres wahren menschlichen Daseins ist, hervor. Vieles säen wir unbewusst, doch wir können Vieles ebenso ganz bewusst säen. Die Saat, die wir säen, wird seine schönste Blüte und reichste Ernte jedoch nur entwickeln, wenn sie unserem wahren Selbst entstammt, stimmig und angemessen ist. Dieser Aspekt geht ebenso damit einher, dass das, was wir uns wünschen, erreichen wollen und visualisieren, ebenso auch ernten können – aber nur dann, wenn die Technik des korrekten Wünschens und Imaginierens/ Visualisierens richtig angewandt ist. (Siehe dazu weiter im Kapitel 4.5.)

> *„Erst kommt das Säen, dann das Ernten. Erst kommt das Dienen, dann das Verdienen. Erst kommt das Geben, dann das Nehmen."*
> (Manuela Gassner)

4.3.   DAS GESETZ DER SCHWINGUNG

Das geistige Gesetz der Schwingung besagt:

1. **Alles bewegt sich und schwingt. Alles, was wir wahrnehmen, ist Schwingung. Schwingungen sind Energie.**
2. **Jede Schwingung wirkt in der Frequenz der Stärke der Schwingung.**
3. **Jede Schwingungsveränderung manifestiert sich durch eine erneut unterschiedlich angenommene Form.**

„Energie geht nicht verloren."
(Hermann von Helmholtz)

Einen Beweis dafür liefert Masaru Emoto[34] durch seine Fotografien mit Wassermolekülen, deren kristalline Struktur sich veränderte, abhängig davon, mit welcher Energie das Wasser in Verbindung gebracht wurde. So fotografierte er wunderbare kristalline Formen, wenn das Wasser mit Gebeten, Meditation, Mantren oder positiven Schwingungen wie Dankbarkeit, Liebe oder Frieden versehen wurde. Ebenso machte er gegenteilige Fotografien, wenn das Wasser mit negativen Schwingungen wie ausgesandten Gedanken und Emotionen von Hass, Krieg usw. versehen wurde. Daraus lässt sich ableiten, dass jeder Kontakt mit Energien einen energetischen Fingerabdruck (bzw. eine bestimmte emotionale Schwingung) hinterlässt, nicht nur auf Wasser, genauso auf Tiere, Pflanzen, Räume und natürlich auch auf uns Menschen! Wenn du

---

[34] Weiterführende Literatur: Masaru Emoto: Das Vermächtnis des Wassers, EchnAton Verlag; 1. Edition (19. Mai 2021).

der Biologie von uns Menschen bedenkst, wird der Zusammenhang zu dir sofort offenkundig: Auch du bestehst ebenso zu einem Großteil (ca. 70%) aus Wasser!

> *„Indem wir unsere Gedanken, unsere Worte und unser Bewusstsein positiver ausrichten und einsetzen, können wir sowohl unserer Umwelt als auch uns selbst Gutes tun und die Welt zu einem besseren Ort für alle Lebewesen machen."*
> (Masaru Emoto: Das Vermächtnis des Wassers)

<u>Gedankenimpuls:</u> Hast du schon einmal die Erfahrung gemacht, das Gefühl zu haben, dass das, was du als Botschaft empfängst, nicht mit dem übereinstimmt, was dir jemand erzählt? Oder umgekehrt: Kennst du das Gefühl, etwas nicht preisgeben zu wollen, du aber genau merkst, dass, ohne, dass du dies äußerst, dein Gegenüber jenes sehr wohl in deiner Energie, dem, was du ausstrahlst, „geschrieben" sieht?

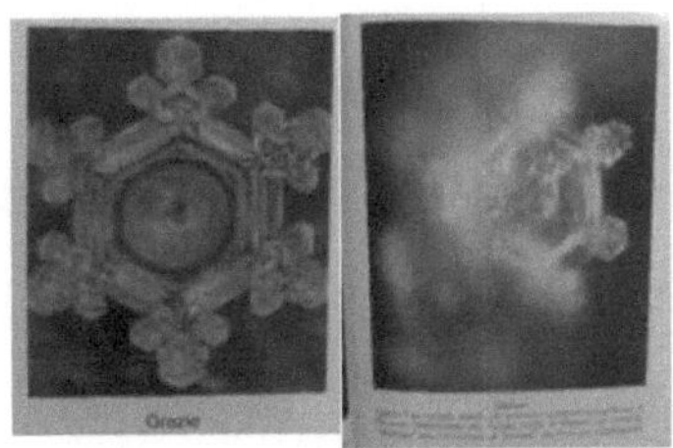

Abbildung 7: Emotos Fotografie[35]

---

[35] Emoto, Masaru: L'insegnamento dell'acqua. Il suo messaggio, S. 41 und 33, Edizioni Mediterranee, 2011. Das linke Bild zeigt die kristalline Struktur durch Anbringung des Wortes "Danke", das rechte durch Anbringung des Wortes "Unglück". Rechts zeigt sich der Kristall schwach und erreicht kein Gleichgewicht, ganz anders zum linken Bild.

4.4.   DAS GESETZ DER RESONANZ

Das Gesetz der Schwingung geht unmittelbar einher mit dem Gesetz der Resonanz: Was du ausstrahlst, kommt zu dir zurück. Das, was angezogen wird, ist das, was der derzeitigen Schwingung entspricht. Nachdem immer das angezogen wird, was der derzeitigen Schwingung entspricht, wird auch nur das angezogen werden, was oder wer zu dir gehört, genauso umgekehrt.

Wenn die Dinge, die angezogen werden, auch nicht gefallen, so sind sie dennoch immer Geschenke des Lebens an einen selber, denn sie bergen in Wahrheit die Möglichkeit zur Entfaltung und zur Entwicklung, noch mehr als das, sie sind die Botschaften, die aufzeigen, was noch zu unserer gelebten Ganzheit fehlt. So darfst du auch in Zeiten der Krise, bei Schwierigkeiten oder Problemen in Vertrauen bleiben und keine Angst haben, sondern den Dingen in die Augen sehen und dich der Aufgabe stellen.

Das heißt: Das, was du vom Leben nimmst (=anziehst), entspricht dem, was du zuvor gegeben (=ausgestrahlt) hast. Willst du, dass dein Nehmen (von dieser Welt, deiner Umwelt) harmonisch ist, so gilt es, das Geben rein zu halten, und sich dabei zu vergegenwärtigen: **Meine Eigenschwingung bringe ich gemäß dem Resonanzgesetz mit der Zielschwingung in Einklang.**

4.5. DAS GESETZ DER IMAGINATION

Das geistige Gesetz der Resonanz geht wiederum mit dem geistigen Gesetz der Imagination einher, nachdem du das anziehst, was deinen inneren Bildern entspricht.

Das Bild ist die „Sprache des Unterbewusstseins". Damit die Information über den „erwünschten Endzustand" auch vom Unterbewusstsein verstanden wird, muss sie in seine Sprache, in die Bildersprache, übersetzt werden. Sie muss imaginiert oder visualisiert werden. Das Sehen ist der dominierende Wahrnehmungssinn des Menschen. Ihm sind große Teile des Gehirns zugeordnet und so ist es kein Wunder, dass unser Unterbewusstsein hauptsächlich auf bildhafte Informationen anspricht. Dazu kommt, dass unser Gehirn auf geistige Vorstellungsbilder genauso reagiert wie auf äußerlich vorhandene Dinge. Durch die bildhafte Sprache umgeht das Unterbewusstsein die Zensur des logisch rationalen Bewusstseins. Ein positives Leben entspricht dabei einem positiven Selbstbild, das „Geheimnis des Reichtums" einem innerlichen Reichtum. Es kann nur das in Erscheinung treten, was ich innerlich ausbilde. Daher gilt, zu prüfen, welche „inneren Bilder" dich erfüllen und ebenso diese zu ersetzen, zu ändern oder zu verstärken, sodass sie mit dem kongruent sind, was du anziehen möchtest.

Das Gesetz der Imagination beruht auf folgenden Prinzipien:

1. **Jede bildhafte Vorstellung, die uns erfüllt,**
   hat das Bestreben, sich zu verwirklichen.
2. **Wenn Glaube und Wille dabei gegeneinander**

stehen, siegt immer der Glaube.
3. **Jede Anstrengung bei der bildhaften Vorstellung bewirkt immer das Gegenteil.**

> *„Das Universum weiß nicht, ob die Schwingung, die Du aussendest, auf etwas zurückzuführen ist, das Du beobachtest, oder auf etwas, an das Du Dich erinnerst, oder auf etwas, das Du Dir vorstellst. Es empfängt einfach die Schwingung und antwortet darauf mit Dingen, die dazu passen."*
> (Jacqueline Le Saunier)

Daher solltest du dir ein klares Bild des „erwünschten Endzustandes" in allen Bereichen deines Lebens schaffen und diese Bilder immer wieder ins Bewusstsein nehmen und dort möglichst lange und lebendig (geistig) festhalten, geistig in Besitz nehmen. Du kannst auch ganz bewusst entgegengesetzte Bilder in deiner inneren Bildergalerie „löschen" oder einfach in deiner Vorstellung austauschen. Wichtig ist, dass du dich mit diesen Bildern ganz und gar erfüllst, sie auflädst, denn: Dein Unterbewusstsein unterscheidet nicht, ob es sich um eine aktuelle Manifestation in der „Matrix" handelt oder „lediglich" um die entsprechende Innenwelt. Doch das hier verwendete Wort „lediglich" ist nicht mindernd gemeint, denn, wenn du dich richtig, entsprechend dieser Technik, erfüllst und das Bild zu deinem Innen-Leben ausbildest, hast du bereits auf geistiger Ebene die Ursache gesetzt und darfst die Wirkung mit Freude erwarten. Bedenke: Auch wenn du im Restaurant deine Bestellung aufgibst, ist diese nicht sofort unmittelbar auf deinem Teller!

Gedankenimpuls: Kannst du das, was du vom Leben nehmen möchtest, entsprechend *ausbilden*?

36

Abbildung 8: Karindrawings

---

36 Zeichnung Karin Claus (karindrawings) aus dem „Chil-Dich-mal-nach-Hause" Kartenset:
https://www.karindrawings.com/chill-dich-mal-nach-hause-kartenset-821?c=39

4.6. DAS GESETZ DER FÜLLE

Um das Gesetz der Imagination, das Gesetz der Resonanz und der Schwingung richtig zu verstehen, gilt es auch, das geistige Gesetz der Fülle zu verinnerlichen.

Die Fülle des Lebens ist immer vorhanden und verfügbar.

Das Gesetz der Fülle lehrt, dass uns die Fülle des Lebens jederzeit und allerorts als unser geistiges Erbe zusteht und in jedem Augenblick frei zur Verfügung steht. Durch unsere falsche Geisteshaltung dazu, gepaart mit mangelndem Glauben daran, wird jedoch eine Beschränkung unseres inneren und äußeren Reichtums und damit Mangel hervorgerufen. Dies korrespondiert unmittelbar damit, ob wir in einem Mangelbewusstsein oder einem Wohlstandsbewusstsein leben/"schwingen". Denn: Noch nie hat es jemand geschafft, mit einem Mangelbewusstsein im Wohlstand zu leben. Das eine schließt das andere absolut zuverlässig aus!

Wohlstandsbewusstsein zu entwickeln beginnt damit, das Mangelbewusstsein loszulassen. Das geschieht durch die Erkenntnis (!), dass dich die Fülle umgibt und nur darauf wartet, für dich in Erscheinung zu treten. Was für dich in Erscheinung treten will, kann aber nur durch dich Wirklichkeit werden. Sobald du das erkannt hast und weißt, dass in Wirklichkeit alles „wohl steht", brauchst du dich nur innerlich dafür zu öffnen und dich wertfühlen, dies anzunehmen und schon bist du im Wohlstandsbewusstsein.

Mangelbewusstsein hingegen besteht darin, zu glauben, etwas müsse geändert, verbessert, optimiert werden – so lebt man im Mangel. Und solange man das glaubt, muss bzw. wird der Mangel auch im Außen sichtbar bleiben. Er begleitet dann dein Leben, bis du dein Bewusstsein änderst. Du möchtest zum Beispiel gerne ein Zweithaus am Meer besitzen, so wirst du wahrscheinlich zuallererst diesen Traum als „Tagtraum" verwerfen und dich dahingehend limitieren, indem du dir einredest, du hättest dafür sowieso nicht genug Geld und auch in absehbarer Zeit würde sich dies nicht ändern. Lebst du nach dem Gesetz der Fülle, so schwingst du mit der Vorstellung, dass es zum einen sehr wohl das Meer als solches gibt, den Grund, der an das Meer anschließt, sowie ebenso ein Haus, das dort nur auf dich wartet. Entsprechend deiner so ausgesendeten Schwingung wird das Universum reagieren und dich entsprechend des Gesetzes der Fülle oder entsprechend deines Mangelbewusstseins „beliefern". Was zu dir gehört, wird seinen Weg finden. Was es dazu braucht? Lasse deinen Wunsch („in das Universum") los, sei offen und annahmebereit.

Wenn auch du entsprechend schwingen möchtest, so können folgende Affirmationen für dich passende sein, um endgültig mit dem Mangelbewusstsein aufzuräumen:

- *Es gibt immer eine Lösung.*
- *Ich kann die Aufgabe JETZT lösen.*
- *Ich bekomme immer rechtzeitig alles, was ich wirklich brauche.*
- *Das Leben bietet mir viele Möglichkeiten, dem Ganzen zu dienen und dabei mein Einkommen beliebig zu steigern.*
- *Ich bin dankbar für einen endlosen Strom praktischer Ideen, die das Leben mir schickt, um immer erfolgreicher zu werden.*
- *Alles will mir nur dienen und helfen.*
- *Ich erkenne und nutze meine Chancen.*

Im Zusammenhang mit dem Gesetz der Imagination und dem Gesetz der Fülle empfehle ich dir folgende weiterführende Literatur zum Thema Wünschen: **Pierre Franckh: Erfolgreich Wünschen,** Koha, 2005 und **Walter Baumgartner** in seinem **Onlinekurs „Karma & Glücklich leben".** (https://walterbaumgartner.com/onlinekurs-karma-gluecklich-leben)

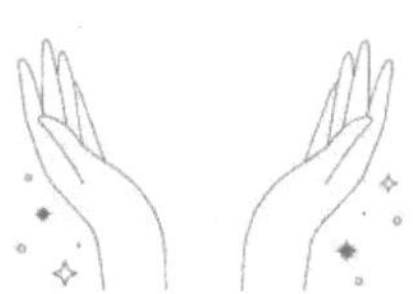

4.7.   DAS GESETZ DER ANALOGIE

Das Gesetz der Analogie bzw. Entsprechung besagt: *"Wie oben, so unten; wie unten, so oben. Wie im Kleinsten, so im Größten; wie innen, so außen."* Damit sagt das Gesetz auch, dass ein bestimmter Inhalt auch immer eine bestimmte Form haben muss: Inhalt und Form sind identisch. Man kann das Große im Kleinen und im Kleinen das Große erkennen. Und so, wie man innerlich ist, erlebt man auch seine Außenwelt. Die erlebte Außenwelt entspricht immer dem, wie man selbst innerlich ist: Die Außenwelt ist also immer unser Spiegel. Was wir im Außen sehen, das ist auch IN uns! Zuerst in unserer geistigen Welt, dann in seiner jeweiligen manifestierten Form im Außen.

Gedankenimpuls: Wo entdeckst du die Synchronizität eines im Außen sich Zeigendem, das in Wahrheit sich ebenso in dir entsprechend angesiedelt hat? Warst du vielleicht schon einmal innerlich weniger gut drauf, gekränkt, verärgert oder gedanklich abgelenkt und erlebtest dies ebenso in einer Situation im Außen, zum Beispiel einem unangenehmen Klima im Büro, auch wenn niemand um deine Belastung wusste?

4.8.   FAZIT: DU BIST DER SCHÖPFER!

> *„Die meisten Menschen wissen gar nicht, dass es die geistigen Gesetze gibt. Diese Unkenntnis verursacht viel unnötiges Leid, Probleme und Mangel, aber diese Gesetze sind auch Schlüssel zu einem erfolgreichen und erfüllten Leben. Eigentlich müsste die Kenntnis dieser Gesetze in der Schule unterrichtet werden, weil sie unser ganzes Leben bestimmen."*
> (Kurt Tepperwein)

Geben als Saat unseres Lebens: Du bist Schöpfer! Wir haben nun also einige geistige Gesetze im Hinblick auf unser Thema Geben & Nehmen betrachtet. Die geistigen Gesetze wirken für uns, egal, ob wir an sie glauben, oder nicht. Deshalb ist es im Rahmen deiner Bewusstwerdung auch essentiell, diese zu kennen und zu verstehen. Alle geistigen Gesetze haben eines gemeinsam: Sie erinnern uns an unsers Schöpferbewusstsein, an unsere Schöpferkraft! So gipfeln alle geistigen Gesetze auch im Gesetz des Schicksals (vlg. dazu auch schon vorher Karma). Das Gesetz des Schicksals erinnert uns an Nichts anderes als daran, dass wir selber immer Verursacher und Schöpfer sind, sprich, dass unser Nehmen immer unserem zuvor Gegebenen entspricht. Schicksal ist dabei weder unerforschlicher Ratschluss Gottes, noch blinder Zufall. Jeder Gedanke, jedes Gefühl und jedes Wort ist eine Ursache, der eine entsprechende Wirkung folgt. Unser Schicksal ist die Summe der Folgen unserer Entscheidungen. Das Gesetz des Schicksals belohnt weder, noch bestraft es, es konfrontiert den Menschen nur mit den Folgen seines Tuns.

> **Exkurs**: Das Gesetz des Schicksals kann aber einen Menschen nur solange erreichen, solange er aus eigenem Willen handelt. Sobald er seinen Willen in den Schöpfungswillen einfließen lässt, ist er im "reinen, folgenlosen Tun" und frei von Schicksal. Siehe hierzu das Wirken von Abuna Semai, www.gottmensch.de

Das „Gesetz des Schicksals" verwirklicht deine Gedankenbilder. Denkst du begrenzend und unglücklich, werden dich diese Gedanken mit absoluter Sicherheit in begrenzende und unglückliche Verhältnisse bringen. Mit dem „Gefäß deines Bewusstseins" bestimmst du, wie viel du vom Leben, aus dem Ozean der Fülle, nehmen kannst. Erweitere dein Bewusstsein und du erweiterst deine Möglichkeiten. Die Schöpfung will dich nicht begrenzen – sie gibt grenzenlos!

Folgendes lehren uns die geistigen Gesetze ebenso für unser Thema des Gebens & Nehmens in Balance:

1. Prüfe deine Absicht!

Was ist deine Absicht, wenn du gibst? Es ist deine Absicht, die schwingt, nicht die äußere gebende Erscheinungsform. Egal, wie es an der Oberfläche aussehen mag oder glänzt, es geht um das, was du hinausstrahlst und wie dieser Gedanke, deine wahre Absicht, schwingt. Es geht niemals um die äußere Gestalt. Das Universum empfängt diese Schwingung zu 100% und gibt in entsprechendem Ausmaß und in entsprechender Schwingung diese 100% zu dir zurück. Das Universum empfängt deine Gedanken und fungiert als deine ganz höchstpersönliche

Kopiermaschine und liefert das, was du nimmst, entsprechend dem, was du gegeben hast. Der Zusammenhang ist oft nicht erkennbar und das macht es auch oft schwierig, weil man nicht erkennt, dass das, was man nimmt, von dem kam, was (irgendwann) zuvor gegeben hat - und doch ist es so!

> *„Das Universum liest, was du gibst."*
> (Manuela Gassner)

2.   Nehmen ist die Wirkung der Ursache des Gebens

Alles kommt zu dir zurück, auch dein unharmonisches Geben, jenes mit nicht reinem Herzen, all deine unharmonischen Reaktionen auf dein Nehmen im Leben, was wiederum deinem Geben in der kausalen Ursachen-Kette entspricht. Sei dir daher immer mehr bewusst, wie du auf Dinge reagierst. Liebevoll oder lieblos?

Ein Memo für dich zu Kapitel 4

1. Die geistigen Gesetze umgeben dein Leben wie die Luft zum Atmen.
2. Das Gesetz der Polarität: Alles hat zwei Pole und in ihrer Verbindung verschwindet die Dualität.
3. Das Gesetz von Ursache und Wirkung: Deine gesetzten Ursachen entsprechen deiner Schöpfer-Kraft.
4. Das Gesetz der Schwingung: Alles, wirklich alles, in deinem Leben und im Universum schwingt und wirkt entsprechend dieser Schwingung.
5. Das Gesetz der Resonanz: Du ziehst an, was du ausstrahlst.
6. Das Gesetz der Imagination: Jede bildhafte Vorstellung, die dich erfüllt, verwirklicht sich.
7. Das Gesetz der Fülle: Die Fülle des Lebens ist immer vorhanden und verfügbar.
8. Das Gesetz der Analogie: Wie innen so außen.
9. Das Gesetz des Schicksals: Unser Schicksal ist die Summe unserer Entscheidungen.

<u>Deine Notizen:</u>

5.   BESONDERE FORMEN DES GEBENS

Lass uns eintauchen in die Welt der Sprache. In vielen Worten steckt das Wort „geben". Betrachten wir diese Worte näher im Blickwinkel unseres Themas– und entdecken dabei vielleicht die eine oder andere (schon immer da gewesene) Botschaft.

5.1. GABEN

Zuallererst zum Nomen Gaben. Der Duden schlägt dafür u.a. vor:

- *etwas, was jemandem als Geschenk, als Aufmerksamkeit überreicht, zuteilwird*
- *in jemandem angelegte ungewöhnliche Befähigung, Begabung*
- *für etwas das Verabreichen, Verabreichung*

Eine Gabe ist demnach also etwas, das wir vom Außen erhalten. Die Konnotation deutet dabei auf etwas Positives, Stimmiges, Belohnendes hin. Wie wir beim geistigen Gesetz der Anziehung bereits vertieft haben, gibt es nichts, was wir im Außen erhalten, das wir nicht in uns zuvor schon angelegt hätten. Dein Geben entspricht also Gaben, die du erhältst, und genauso gleichzeitig aber auch gibst. Was gibst du?

Gedankenimpuls: Fühlen sich dein Geben wie Gaben an? Fühlt sich dein Nehmen wie erhaltene Gaben an?

5.2. AUSGABEN/AUSGEBEN

Auch im Wort „Ausgaben" bzw. „ausgeben" verbirgt sich das Wort „geben". Es deutet daraufhin, dass wir etwas von uns weggeben, etwas hinaus in die Welt geben. Diese Form des Gebens ist meist mit dem materiellen Aspekt verknüpft, dass wir etwas von unserem Verdienten/Lohn ausgeben. Ausge*geben* wird dabei Geld, doch auch hier verbirgt sich Geben & Nehmen, denn wir bekommen/nehmen ja auch etwas für das mit unserem Geld Erworbene. Für unsere Ausgaben erhalten wir, in verschiedenster manifestierter Form, Gaben. Dieser Akt ist oftmals jedoch nicht stimmig. Wir kaufen Überteuertes, wir kaufen auf Raten, weil wir in der Konsumgesellschaft dazugehören wollen, um uns zu belohnen, um zu haben, um uns zu befriedigen und um oftmals dadurch unser Haben zu definieren. Wir geben so aus, dass sich zumeist das so Erworbene gar nicht mehr als Gabe anfühlt.

Ein wichtiger Punkt zum „finanziellen Geben" ist auch das Wissen und Verständnis um „den Zehnten".

„Der Begriff Zehnt, Zehent, Zehnter, Zehend, der Zehnte (auch Kirchenzehnter; lateinisch decima [pars], „zehnter Teil", mittelniederdeutsch teghede) oder Dezem (von lateinisch decem „zehn"[1]) bezeichnet eine etwa zehnprozentige Steuer in Form von Geld oder Naturalien an eine geistliche (etwa Domkapitel, Pfarrkirche) oder eine weltliche (König, Grundherr) Institution."[37]

---

[37] www.wikipedia.de, Eintrag: Zehnt.

> *„Bringt mir den Zehnten ganz in mein Haus, auf daß in meinem Hause Speise sei, und prüft mich hierin, … ob ich euch nicht des Himmels Fenster auftun werde und Segen herabschütten die Fülle."*
> *(Maleachi 3:10)*

Der Zehnte ist also Symbol zu Ehren des Göttlichen. Die hier zitierte Bibelstelle besagt, dass der zehnte Teil als Opfergabe in das Haus des Herrn gebracht werden soll und der Herr dann den Himmel über dem Volk öffnen wird. Heute wird darunter eine regelmäßige Geldspende von 10 % unseres Einkommens verstanden; dies kann in Form von Anlagen, Spenden oder Ansparung gepflegt werden. Hintergrund um diese Systematik ist das Gesetz der Fülle und der Anziehung. Mit dieser Gabe ziehst du ein Leben unter „geöffnetem Himmel" an, um so viel von Gott zu bekommen, wie nur möglich. (Denkst du jetzt, das steht dir nicht zu? Dann lies noch einmal zum Thema Selbstwert nach.)

Viel zu selten wird berücksichtigt, dass auch die Beziehung zu Geld gepflegt werden will und Geld für ein bewusstes Geben & Nehmen ebenso wie eine Wesenheit (Energie) betrachtet werden sollte! Wie gehst du mit Geld um? Schenkst du ihm entsprechende Beachtung, erfreust du dich über seinen „Besuch", feierst du besondere „Eingänge" und empfindest Dankbarkeit für seine Existenz in deinem Leben? Oder stinkt Geld, entsprechend des Volksmundes, für dich? Für ein vertiefendes Verständnis empfehle ich dir folgendes Video: **Kate Decker, Money &**

Manifestation, übersetzt von Isabella Fischer:
https://www.youtube.com/watch?v=kAi3bY2k0eI&t=557s

<u>Gedankenimpuls</u>: Entspricht das, was du ausgibst, auch dem, was du bekommst? Bist du dir bewusst, dass unsere Ausgaben genauso auch gleichsam Gaben für dich beinhalten? Wie gehst du mit deinem „Zehnten" um?

5.3. VERAUSGABEN

Verausgaben steht in unmittelbarem Zusammenhang mit dem, was du ausgibst, birgt jedoch bereits den unstimmigen Aspekt, dass du zu viel (hinaus-)gegeben hast, was dich in Folge belastet, beschwert, erschwert, ermüdet und übrigbleibt: Leere, ein Loch, das du durch dein unstimmiges Ausgeben verursacht hast. Du hast nicht in Harmonie ausgegeben und kannst zugleich nichts mehr von dem, das du von dir gegeben hast, aufnehmen. Du hast dich verausgabt. Durch dein Verausgaben fühlst du dich leer und beraubt und sendest somit Mangel durch deinen Wunsch, wieder ganz zu sein (und strahlst damit Leere aus) aus, was sich in entsprechender Form (sich weiterhin leer, verausgabt zu fühlen) wieder in deinem Leben manifestieren wird.

Dich verausgabend hast du etwas gegeben – zu viel, oder? Nein! Es gibt den Maßstab von zu viel oder zu wenig nicht, es gibt nur den Maßstab von harmonisch und stimmig. Hast du dich verausgabt, hast du etwas ausgegeben, etwas hinausgegeben, das nicht mehr zu dir zurückgekommen ist. Was ist also passiert? Du hast etwas hinausgegeben, in z.B. einer „um-zu-Erwartung"; in Erwartung, dass etwas zu dir zurückfließt, dass etwas von dem, das du gibst, zu dir zurückfließt. Wie kann etwas davon zurückfließen? In dem du Platz machst. Du hast Platz gemacht, indem das, was du gegeben hast, eine Lücke hinterlassen hat. Du bist nicht mehr ganz, weil du nicht aus freiem, reinem Herzen gegeben hast. Wenn du aus freiem reinem Herzen gibst, dann fehlt dir nichts, da ist alles ganz und du fühlst dich auch nicht verausgabt. Wenn du gibst, damit Andere oder Anderes dich nährt, dann entsteht in diesem Geben Platz, eine Lücke, ein Mangel – du hast etwas hinausgegeben, das so nicht mehr zu dir zurückfließt. Du hast dich verausgabt.

Gedankenimpuls: In welchen Situationen fühltest du dich in deinem Leben schon verausgabt? Wo wäre weniger mehr bzw. stimmiger?

5.4. BEGEBENHEIT

Eine schöne, zufällige, merkwürdige oder auch schlimme Begebenheit. Du kennst sicher die kleinen, schönen Begegnungen mit fremden Menschen, zum Beispiel in einem Laden an der Kasse, eine Freundlichkeit ohne Grund, oder? Also eine schöne Begebenheit. Du kennst aber sicher auch gegenteilige Versionen, wenn es scheint, dass du zu Unrecht aus dem Nichts verurteilt oder „angebellt" wirst.

Wir haben etwas erfahren, etwas hat sich in unserem Leben ereignet. Das, was sich hier in unserem Leben ereignet, das, was sich als Begebenheit zeigt, entspricht genau dem, das wir zuvor (meist) unbewusst gegeben haben. Du hast etwas entsprechend des Gesetzes der Resonanz hinausgestrahlt. Eine Begebenheit ist ein Umstand, den du erfährst, die Wirkung, die sich entlädt von der Ursache, die du einst gegeben hast, möge sie harmonisch oder nicht harmonisch sein.

<u>Gedankenimpuls</u>: Was hast du gegeben, um dies zu erleben?

5.5. GEBENEDEIT

> *„Gebenedeit ist die Frucht deines Leben, Jesu"*
> (Gebet Ave Maria)

Gebenedeit kommt von benedeien, was segnen (benedicere, lat.) bedeutet. Du bist gebenedeit, heißt also: Du bist gesegnet. Auch hierin zeigt sich das Wort geben. Was bedeutet dies? Dass alles, das du gibst, von dir gesegnet sein sollte! Dein Geben kann wahrer Segen sein, je nach der von dir ausgesendeten Schwingung. Erinnere dich hier auch an das Gesetz der Resonanz: Alles, was du segnest, so, wie du segnest, kehrt entsprechend zu dir zurück.

Ein Segen ist die reinste und somit stärkste Kraft im Universum! Du kannst alles und jeden segnen. Anstatt dich um dein Kind zu sorgen, segne es. Alle Ereignisse, denen du unsicher gegenüberstehst, segne sie. Dein neues Fahrzeug mit mehr PS, segne es. Deinen Vater vor seinem OP-Termin, segne ihn. Das Wasser, das deiner Gesundheit dienen soll, segne es.

Exkurs: Hast du dir schon mal überlegt, warum es „<u>sich</u> Sorgen *machen*" heißt? Die deutsche Sprache vermag genau auszudrücken, wie der Prozess der Sorgen überhaupt ent- und bestehen kann: Zum einen deutet das Reflexivpronomen *sich* bereits daraufhin, dass du dir etwas gibst, nicht etwas, das von Außen kommt, sondern etwas, das du innerlich kreierst. Zum anderen zeigt das Wort *machen* auf, dass Sorgen nicht im Außen entstehen und dir geliefert werden, nein, du selber produzierst, machst sie. Fühle einen Augenblick nach und beobachte dein „dir Sorgen machen". Wenn du dir bewusst machst, dass du ihnen mit deinem Tun

> Leben einhauchst, wird es dann wirklich (d)eine bewusste Wahl sein, dir (weiterhin) Sorgen zu machen?

Du fragst dich jetzt vielleicht: Segnen - aber wie? Auch Jesus lehrte Menschen, genauso aber auch Speisen zu segnen, dies wurde ebenso auch lange in der Landwirtschaft als liebevolles Ritual gepflegt. Auch du kannst heute alles und jeden, das oder der dir begegnet, alle Umstände deines Lebens, auch die zukünftigen, segnen, und zwar so: durch deine klare mentale Vorstellungskraft mit der du das, was du segnen möchtest, mit Liebe, Licht und Wohlwollen umhüllst und eintauchst in dieses Gefühl jenes Moments, der ganz und gar in Segen gebadet ist. Ein Segen kann gesprochen oder nur gedacht sein, was zählt, ist die Ehrlichkeit des Herzens. Wird auf diese Weise etwas oder jemand gesegnet, so wird dies einem selber in Folge zum Segen.

> *„Alles, was Sie ehrlichen Herzens segnen,*
> *ist im gleichen Augenblick gesegnet.*
> (Kurt Tepperwein)

Die Prämisse deines Lebens sollte stets sein: Sei allem und jedem Segen, dessen Leben du berührst.[38]

> *„Bevor du sprichst, lasse deine Worte durch drei Tore schreiten. Beim ersten Tor frage: Sind sie wahr?*
> *Am zweiten frage: Sind sie notwendig?*

---

[38] Hierzu und zur weiteren Inspiration möchte ich dir über allen Maßen den Abschnitt „Wie kann ich einen Anfang machen?" aus dem 2. Band von „Gespräche mit Gott" von Neale Donald Walsch empfehlen, in der Gesamtausgabe ab S. 455.

> *Am dritten Tor frage: Sind sie freundlich?"*
> (Rumi)

Gedankenimpuls: Mit was segnest du (dich)? Fühlst sich dein Leben jetzt wie Segen an? Wenn nein, prüfe, was du gibst.

5.6. AUFGEBEN

Auch im Wort aufgeben versteckt sich geben. Aufgeben hat eine unmittelbare negative Konnotation, bedeutet, gefehlt oder verloren zu haben, umgangssprachlich, dass du nicht mehr kannst und aufhörst, als Schwächling, als Verlierer. *„Aufgeben tut man nur einen Brief"* – ein bekannter Glaubenssatz, der tief in uns verwurzelt ist und vermitteln möchte, dass Festhalten und Anhaften richtig ist, was beispielsweise auch in den Kontext Verzeihen hineinwirkt.

Lass uns auch dieses Wort für unseren Kontext umdeuten. Aufgeben ist nicht gleich verlieren! Aufgeben bedeutet in Wahrheit, dass etwas losgelassen, freigegeben wurde, um, eben, wieder frei zu werden/zu sein. Aufgeben ist wahres Loslassen, die reine Form davon! Stell es dir vor – wie mit einem Luftballon: Was gibst du auf, was lässt du los? Also, was gibst du auf? Vielleicht einen Wunsch ans Universum?

Loslassen bedeutet in Wahrheit sich leer zu machen, ein Vakuum herzustellen, um von hier aus wieder rein zu sein bzw. schöpfen zu können, bedeutet, dass man nicht mehr Stimmiges (vgl. Gesetz der Schwingung) kongruent losgelassen hat. Jetzt ist der Kanal wieder frei und man kann zum eigentlichen erwünschten Zielzustand wieder klar und rein schwingen.

5.7. VERGEBUNG

In einem System von Gut & Schlecht, Richtig & Falsch, Wohltat & Gesetzesbruch, Kläger & Angeklagter, Gehorsam & Sünde wurden wir groß und erlernten früh, dass man sich als kraftvoll in seiner Verletzung fühlt, wenn man jetzt bloß nicht nachgibt und sein gebrochenes Recht verteidigt. Dennoch begegneten uns immer wieder Momente, gerade im Kleinkindalter (zum Beispiel im Umgang mit anderen Kindern), in denen wir erlebten, wie angenehm es sich anfühlte, wenn wir ein Unrecht sofort verzeihen und welch wohltuende Freiheit und Harmonie in Folge wieder Einklang haben durfte, für alle.

Unverzeihlich… geprägt von diesen Strategien geriet in Vergessenheit, was wir als Kinder als Lösung spürten und wir setzen fort, in unserem Ärger oder unserer Kränkung aufzugehen, damit einem wenigstens dieses Feld als siegreich unberührt erschien. "Unverzeihlich" geriet in die noble Form sozialer Kompetenzen, man erfuhr sich als wissend über Recht & Unrecht.

Doch geht es einem damit auch besser bzw. gut? Bei Weitem nicht. Niemand kann diese Frage ehrlichen Herzens mit Ja beantworten. Ebenso etablierten sich dementsprechende Redewendungen wie *"außer sich sein vor Ärger"*, *"vor Wut platzen"* oder *"den Ärger im Gesicht geschrieben haben"*, welche sprichwörtlich Aufschluss darüber geben, dass negative Emotionen und Gedanken Kräfte rauben, zu körperlichen Unstimmigkeiten und zu mangelndem Selbstwertgefühl führen und vor allem uns durch fehlende Emotionskontrolle steuern und nicht wir sie.

Nicht-Verzeihen und Wut gehören zusammen wie Salz und Pfeffer. Mit dem Bewusstsein um den eigenen Seinszustand ("Wie fühle ich mich gerade?"), während man in einer "unverzeihlichen" Situation verharrt, sollte man zu der Erkenntnis gelangen, dass diese konditionierte Strategie nicht erfolgreich ist. Denn nichts, bei dem du dich selber unwohl fühlst, ist erfolgreich – nicht auf Dauer.

Vergebung ist heilig

Nun? Die tief in uns schlummernde Wahrheit ist: Vergebung ist heilig – und zugleich heilend. Die einfache Formel für mehr Wohlbefinden in solchen Situationen lautet: **Verzeihen statt ärgern.** Nach dem Motto: **Ich ärgere mich** *O D E R* **ich verzeihe dir.**

Für Viele fühlt sich Verzeihen nach Niederlage an, doch es ist der größte Sieg, den man in einer misslichen Lage lukrieren kann – scheint es auch noch so schwer, diesen Schritt zu unternehmen.

„VERGEBUNG
ist das Aufgeben von nachtragenden Gefühlen,
die dem Gefühl der Liebe widersprechen.“
(Kurt Tepperwein)

»Zu vergeben bedeutet, einen Gefangenen freizulassen und zu
erkennen, dass dieser Gefangene du selbst warst.«
(Lewis Benedictus Smedes)

Ho`oponopono

Eine wunderbare Übung ist aus Hawaii bekannt, nämlich das hawaiianische Vergebungsritual "Ho`oponopono". Das Wort setzt sich aus folgenden Teilen zusammen:

- **„Huna"** = alte schamanische Lehren Hawais
- **„Ho`o"** = machen, tun
- **„Pono"** = richtig (2x: richtig für dich, richtig für mich)

Traditionell kommt die Gemeinschaft in Hawaii, in der man lebt, jeden Abend vor Sonnenuntergang zusammen. (*Pule: Verbindung*). Bei diesem Zusammenkommen wird das Problem/die Probleme, die sich an diesem Tag zugetragen haben, betrachtet. (*Mahiki: Anschauen des Problems*). In einem nächsten Schritt wird von jedem für die Disharmonien die jeweilige Verantwortung übernommen (*Mihi: Wiedergutmachung*). Daraufhin folgt ein wechselseitiges Vergeben, man bittet um Verzeihung (Ebene des Intellekts) und um Vergebung (*Ebene des Herzens*). Und: Man verzeiht sich selbst bedingungslos. (*Kala: Freiheit durch das Gewähren von Vergebung*). Folgende vier Zaubersätze[39] sind es, die das Ho'ponopono-Ritual beschreiben:

Es tut mir leid.

Bitte verzeih mir.

Ich liebe dich.

Danke.

---

[39] Tipp für deine Praxis: Diese „Formel" ist nach jedem einzelnen Satz durch die jeweilige Beschreibung der Situation bzw. der Gefühle verlängerbar.

Von dieser hawaiianischen täglichen Praxis lernen wir so die Bereinigung von Konflikten unmittelbar nach ihrem Entstehen. Ist das nicht wunderbar? Und! Wir müssen nicht in Hawaii leben, um dieses Ritual auch für uns zu praktizieren.

> *»Bevor die Sonne untergeht, vergib.«*
> (Hawaiianisches Sprichwort)

Tipp: Vertiefe dies mit **Ulrich Emil Duprées Werk *"Ho`oponopono und Familienstellen. Beziehungen verstehen, in Liebe vergeben, Heilung erfahren"***.

Sofort verzeihen: Pratikraman Vidhi[40]

Es gibt viele, doch zu Ho`ponopono möchte ich noch ein Tool zum Thema Vergebung herausgreifen, jenes, dass ich für mich in meinem Leben – natürlich nach einigem Reifungs- und Erkenntnisprozessen und nicht verziehenen Umständen – gewählt habe und welches mir am dienlichsten ist: Praktikraman Vidhi. Seitdem ich es – neben all den anderen (auch hier in diesem Buch vorgestellten) „Befreiungshilfen" – kenne, fallen mir die Dinge noch einmal um ein Stück leichter, vor allem, wenn es um unharmonische Erfahrungen geht.

---

[40] Tauche tiefer ein: Bhagwan, Dada: Pratikraman, zum Download auf: https://www.dadabhagwan.de/books-media/books/German/

Die Essenz von Pratikraman Vidhi, wiedergegeben durch Bhagwan Dada, wird in drei Stufen praktiziert:

1. **Alochana**: Tiefempfundene, innere Bekenntnis der eigenen Fehler.
2. **Pratikraman**: Prozess der Entschuldigung, gepaart mit der Reue für jedes Fehlverhalten.
3. **Pratyakhyan**: Aufrichtiges Versprechen, die Fehler niemals zu wiederholen.

Bekenntnis → *Entschuldigung* → *Versprechen*

Was ist also zu tun? Selbstverantwortung zu übernehmen. Wann? Sofort.[41] Ich versuche sie, sobald mir eine unharmonische – sei es auch nur in Gedanken – oder lieblose Reaktion widerfährt, zu praktizieren und erfülle mich dann mit diesem Vorgang, solange, bis ich energetisch die Auflösung meiner Verursachung wahrnehmen kann.

Was steckt also wirklich, hinsichtlich Gebens & Nehmens, im Wort Vergebung? Vergebend gibst du Vergebung und nimmst in Folge Frieden, Freiheit und unsere 1. Natur (Liebe) wieder ein. Vergebend gibst du, vor allem aber auch dir, (von Schuld, Streit, Disharmonie, ...) wieder frei zu sein. Somit auch hier wieder der Kreislauf: (Ver-)gebend, gibst du dir. All dein Geben, mit dem du nicht einverstanden, zufrieden, stimmig bist, weil es gegen das Gesetz der Harmonie verstoßen hat und jemanden oder

---

[41] In der Fußnote auf der vorherigen Seite findest du die passende Literatur, um dich dieser Technik näher zu widmen.

etwas verletzt hat, kannst du durch Vergebung bereinigen, bereinigst somit dein Geben und in Folge auch dein Nehmen.

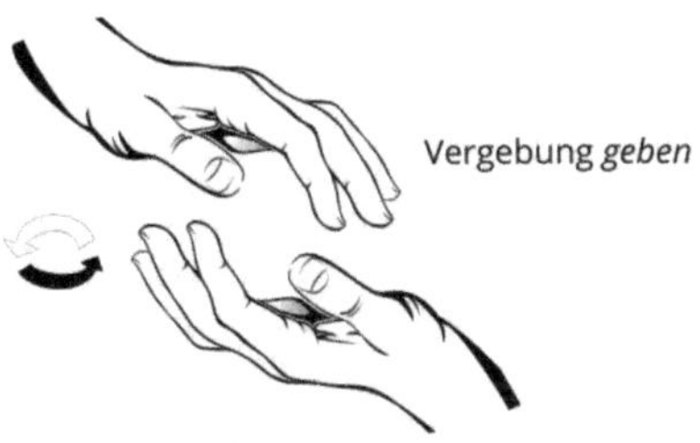

Abbildung 9: Vergebung

Wenn wir vergeben,
entschuldigen wir nicht,
was der Andere getan hat, sondern wir blicken weiter
und anerkennen
die Wahrheit seines Seins.
VERGEBEN
geschieht durch
LOSLASSEN,
nicht
durch Vergessen.
Wenn wir vergeben,
NEUTRALISIEREN
wir negative,
feindselige Gedanken und Gefühle. Sie haben keine Macht
mehr über uns.
VERGEBUNG
ist ein Zeichen der Stärke.

Noch eine wunderbare, tiefgehende Geschichte von Neale Donald Walsch aus "Gespräche mit Gott"[42] als Abschluss zum Thema Vergebung. Jedes Mal, wenn ich diese Zeilen lese, bin ich von Demut ergriffen.

Du kannst Dir aussuchen, was für einen Teil von Gott du sein möchtest", sagte Gott zu der kleinen Seele. „Du bist absolute Göttlichkeit, die sich selbst erfährt. Welchen Aspekt der Göttlichkeit möchtest du nun als Dein Selbst erfahren?"

„Du meinst, ich habe die Wahl?" fragte die kleine Seele. „Ja." antwortete Gott. „Du kannst Dir jeden Aspekt der Göttlichkeit aussuchen, den du als und durch dein Selbst erfahren möchtest."

„Okay", sagte die kleine Seele, „dann wähle ich Vergebung. Ich möchte mein Selbst als jenen Aspekt Gottes erfahren, den man vollkommene Vergebung nennt."

Nun, das war keine geringe Herausforderung, wie man sich vorstellen kann. Es gab niemanden, dem man hätte vergeben können. Alles, was Gott geschaffen hat, ist Vollkommenheit und Liebe.

„Keiner, dem zu vergeben wäre?" fragte die kleine Seele etwas ungläubig. „Keiner", bestätigte Gott. „Schau Dich um. Siehst du irgendwelche Seelen, die weniger vollkommen, weniger wunderbar sind als du?"

Die kleine Seele wirbelte herum und sah sich zu ihrer Überraschung von allen Seelen im Himmel umgeben. Sie waren von fern und nah aus dem ganzen Reich gekommen, weil sie gehört hatten, dass die kleine Seele ein außergewöhnliches Gespräch mit Gott führte.

„Ich sehe niemanden, der weniger vollkommen wäre als ich!" rief die kleine Seele. „Wem soll ich denn dann vergeben?"

Da trat eine andere Seele aus der Menge hervor. „Du kannst mir vergeben", sagte die freundliche Seele.

„Ich werde in deinem nächsten physischen Leben zu Dir kommen und etwas tun, wofür du mir vergeben kannst", erwiderte die freundliche Seele.

---

[42] Walsch, Nelae Donald: Gespräche mit Gott, Arkana, 2009, S. 915 – 917.

„Aber was? Was könntest du, ein Wesen so vollkommenen Lichts, tun, das ich vergeben sollte?" erkundigte sich die kleine Seele.

„Oh", gab die freundliche Seele lächelnd zurück. „Ich bin sicher, wir können uns da etwas einfallen lassen."

„Aber warum würdest Du das tun wollen?" Der kleinen Seele war es ein Rätsel, warum ein Wesen von so hoher Vollkommenheit tatsächlich etwas „Schlechtes" tun wollte.

„Ganz einfach, ich würde es tun, weil ich Dich liebe", erklärte die freundliche Seele. „Du möchtest dein Selbst als vergebend erfahren nicht wahr? Abgesehen davon, hast Du dasselbe für mich getan."

„Das habe ich?" fragte die kleine Seele.

„Natürlich. Erinnerst Du Dich nicht mehr? Wir sind alles davon gewesen, du und ich. Wir sind das Oben und Unten, das Linke und das Rechte davon gewesen. Wir waren das Hier und das Dort und das Jetzt und das Dann. Wir waren das Große und das Kleine, das Männliche und das Weibliche, das Gute und das Schlechte davon. Wir alle waren das Alles davon. Und das taten wir aufgrund einer Vereinbarung damit jede von uns sich, wir alle uns, als den großartigsten Teil Gottes erfahren konnten. Denn wir haben verstanden, dass in der Abwesenheit dessen, was Du nicht bist, das, was Du bist, nicht ist.

In der Abwesenheit von kalt, kannst du nicht warm sein. In der Abwesenheit von traurig, kannst Du nicht glücklich sein, ohne ein Ding, das man „Böse" nennt, kann die Erfahrung, die man das „Gute" nennt, nicht existieren.

Wenn Du die Wahl triffst, etwas zu sein, dann muss irgend etwas oder irgend jemand im Gegensatz dazu irgendwo in deinem Universum auftauchen, um das zu ermöglichen."

Dann erklärte die freundliche Seele, dass diese Wesen Gottes „Spezialengel" und diese speziellen Umstände Gottes Geschenke sind.

„Ich bitte dich nur um eines im Austausch dafür", sagte sie schließlich.

„Alles, was es auch sei!" rief die kleine Seele.

Das Wissen, dass sie Erfahrung von jedem Aspekt Gottes machen konnte, machte sie ganz aufgeregt. Sie verstand nun den Plan. „In dem Augenblick, in dem ich dich schlage und peinige, in dem Moment, in dem ich dir das Schlimmste antue, das du dir je vorstellen kannst – genau in diesem Augenblick", so sagte die freundliche Seele, „… solltest du dich daran erinnern, wer ich wirklich bin."

„Oh, ich werde es nicht vergessen!" versprach die kleine Seele. „Ich werde dich in all der Vollkommenheit erkennen, in der ich dich jetzt sehe, und ich werde mich immer daran erinnern, wer du bist."

„Weißt du, ich werde mich so verstellen müssen, dass ich mich selbst vergessen werde. Und wenn du dich nicht erinnerst, wer ich wirklich bin, dann werde ich mich selbst für eine sehr lange Zeit auch nicht daran erinnern können.

Wenn ich vergesse, wer ich bin, dann kann es passieren, dass auch du vergisst, wer du bist.

Und dann sind wir beide verloren. Dann brauchen wir eine weitere Seele, die in unser Leben kommt und uns daran erinnert, wer wir wirklich sind."

Doch die kleine Seele versprach noch einmal: „Nein, wir werden nicht vergessen, wer wir sind! Ich werde mich an dich erinnern! Und ich werde dir sehr dankbar dafür sein, dass du mir dieses große Geschenk machst – das Geschenk, dass ich erfahren darf, wer ich wirklich bin."

Und so schlossen die beiden Seelen ihre Vereinbarung.

Passende Affirmationen können dich auf dem Weg der Vergebung unterstützen:

- *Das ist ein neuer Augenblick, ich bin frei, loszulassen.*
- *Ich übernehme die Verantwortung für mein Leben, ich bin frei.*
- *Mein spirituelles Wachstum hängt nicht von anderen ab.*
- *Ich bin stark, wenn ich vergebe und loslasse.*
- *Richtig und Falsch gibt es nicht, ich urteile nicht mehr.*
- *Ich vergebe dir von ganzem Herzen und erlöse die zwischen uns gebundenen Energien. Ich bin frei und du bist frei.*

Ein Memo für dich zu Kapitel 5

1. Gaben: Dein Geben entspricht deinen Gaben.
2. Ausgaben: Deine Ausgaben entsprechen dem, was du gibst.
3. Der Zehnte: „Der Zehnte" führt dich in den göttlichen Himmel (auf Erden).
4. Sich verausgaben: Sich verauszugaben entspricht deinem nicht wahrhaftigen Geben.
5. Begebenheit: Dein Sogeben offenbart sich in deinen Begebenheiten.
6. Gebenedeit: Gebenedeit bedeutet gesegnet. Ist dein Geben ein Segen? Fühlt sich dein Nehmen wie Segen an?
7. Aufgeben: Aufgeben ist nichts Negatives, sondern ganz im Gegenteil die reine Form des Loslassens.
8. Vergebung: Vergebend gibst du dir (und dem anderen) wieder Frieden und Freiheit.
9. Das Ho`ponopono-Verzeihungsritual stammt aus Hawai und zaubert durch folgende vier kraftvolle Sätze: Es tut mir leid. Bitte verzeih mir. Ich liebe dich. Danke.
10. Pratiraman Vidhi ist ebenso ein (sofortiges) Verzeihungsritual und durchläuft dabei folgende Prozesse: Bekenntnis → Entschuldigung → Versprechen

Deine Notizen:

6. DIE LÖSUNG

Ich behaupte: Dein Geben bestimmt dein Nehmen und somit dein Leben, sowie: Unser kollektives Geben bestimmt unser Leben, unsere Erfahrungen hier in unserem gemeinsamen Zuhause Mutter Erde. Das individuelle und auch allen gemeinsame Ziel von uns Menschen ist es, glücklich zu leben. In dieser Hinsicht wollen wir uns in diesem Kapitel noch einmal ansehen, wie wir unser Geben für unser Glück ausrichten können.

Ich weiß, die Theorie und die Praxis divergieren immer und in der Theorie erscheint alles viel einfacher. Wie machst *du* das also? Wenn du doch gerne gibst und auch gerne nehmen möchtest? Und vor allem: Wie gehst du damit um, wenn dir das Leben gibt, das du so eigentlich nicht annehmen willst? Das folgende Kapitel will dir noch einmal wertvolle Gedankenanregungen und Tools für deinen erfolgreichen Transfer eines Gebens & Nehmens in Balance in deinem Leben an die Hand geben.

6.1. KENNE DEINE ABSICHT

Im 2. Kapitel wurde bereits das intendierte Geben besprochen. Lass uns jetzt unaufgeladene und absichtslose Handlungen betrachten, um den Unterschied zu erfahren, wie diese für den Glücks-Bumerang in deinem Leben sorgen.

> *„Die Art des Gebens ist wichtiger als die Gabe selbst."*
> (Pierre Corneille)

Nun haben wir schon gesehen, dass unser Sogeben nicht immer jener Form seines Grundgedankens gleicht. In der ursprünglichen Bedeutung wird davon ausgegangen, dass man gibt, ohne wenn, weil oder aber, unangeknüpft an eine Bedingung. Dies wird zumindest unbewusst angenommen, wenn wir von all den „Gnadeakten" hören, sehen, berichten. Zumeist jedoch wird aber gegeben, damit oder um... zu. Dieses Buch will nicht das Geben per se kritisieren, im Gegenteil, es will dazu appellieren, das wahrhaftige Geben, das reine Geben wieder salonfähig zu machen und es in den Vordergrund stellen. Nun eine wunderbare kurze Geschichte aus dem Buch „Die Wissenschaft des Karmas"[43], die verdeutlicht, dass es immer unserer Absicht ist, die unsere Handlungen wahrlich definiert:

---

[43] Bhagwan, Dada: Die Wissenschaft des Karmas, zum Download auf: https://www.dadabhagwan.de/books-media/books/German/

> *Ein Geschäftsmann, der von seinen Verwandten unter Druck gesetzt wurde, spendet fünftausend Rupien an eine Wohltätigkeitsorganisation. Sein Freund fragt ihn: „Warum hast du Geld gespendet? Weißt du nicht, dass sie alle Diebe sind und Geld unterschlagen?" Der Geschäftsmann sagt seinem Freund, dass er das weiß. Wenn es nach ihm ginge, hätte er nicht einmal fünf Rupien gegeben. Aber er wurde durch den Druck des mit ihm verwandten Vorstands dazu gezwungen. Da er nun die fünftausend Rupien gespendet hat, loben ihn die Menschen für seine Großzügigkeit, die in Wirklichkeit nur sein sich entladendes Karma war. Was hat er aufgeladen? Er hat dadurch Karma aufgeladen, indem er sagte, er hätte nicht einmal fünf Rupien gegeben! Auf einer subtilen Ebene hat er ganz genau das Gegenteil aufgeladen, sodass er in seinem nächsten Leben nicht in der Lage sein wird, auch nur fünf Rupien zu geben. Ein armer Mann spendet derselben Wohltätigkeitsorganisation fünf Rupien und sagt, wenn er fünftausend Rupien hätte, würde er alles geben. Weil er das Geld von Herzen gibt, wird er in seinem nächsten Leben in der Lage sein, fünftausend Rupien zu spenden. Was immer du also äußerlich siehst, ist die Frucht von Handlungen, aber die Samen, die auf einer sehr subtilen Ebene gesamt wurden, können nicht wahrgenommen werden. Nur wenn du die innere Sicht (Antarmukh Drashti) hast, kannst du das sehen. Wenn man das verstanden hat, macht es dann noch Sinn, seine inneren Absichten und Emotionen zu verderben?[44]*

Ob du nun an Reinkarnation oder Karma glaubst, die Geschichte ist ein Sinnbild und eine perfekte Metapher für die Kernbotschaft, die ich dir in diesem Buch mit an die Hand geben möchte: Es ist deine Absicht, die zählt, im Kleinen, wie im Großen. In viel Literatur habe ich mich auch von Dada Bhagwan eingelesen und erfreute mich, als ich auch die Ergebnisse meiner Forschungen, die Botschaft dieses Buches, hier als Erkenntnis entdeckte:

---

[44] Ebd., S. XI-XII.

> *„Gib ohne Erwartungen."*
> (Dada Bhagwan)

Lass mich bitte der vollständigkeitshalber noch erwähnen, dass sowohl eine positive als auch eine negative Absicht Karma bindet und nur das absichtslose Geben/Sein keine karmische Wirkung erzeugt. Selbstverständlich bildet das Geben in positiver Absicht entsprechendes positives Karma. Dieses ist dennoch aber auch noch immer „intendiert", nämlich, bewusst positiv zu schwingen. (*Jede* Form der Entstehung karmischer Ursachen wird in der Karma-Lehre in Bezug auf die Befreiung nicht als Ziel angesehen, handelt es sich auch um positive Wirkungen aus positiv geschaffenem Karma.)

Gedankenimpuls: Versuch immer mehr und mehr deine wahre Schwingung, sprich, deine wahre Absicht wahrzunehmen.

6.2. BEWUSSTES SEIN

An verschiedenen Stellen dieses Buches hast du dir vielleicht schon vergegenwärtigt (dich erinnert), dass du mehr als dein Verstandesinstrument bist. Du, hier auf Erden, bewohnst einen Körper und darüber hinaus agierst du gleichzeitig aber immer auch mit deinem Geist. Doch das ist bei Weitem nicht alles, was du bist, ganz im Gegenteil, da ist auch noch deine Seele, bzw. dein höheres Selbst, dein göttlicher Funke bzw. was immer *deine* Definition dafür sein mag. Eine kleine Übersicht zu unserer, dieser Trinität:

Geist	Seele	Körper
Im Geist geschieht das Denken, die Vorstellung, die Planung.	Die Seele wird zur Vorstellung im Geiste durch unseren Glauben und unsere Gefühle repräsentiert.	Der Körper setzt dies durch Taten und Handlungen um.

Der Mensch ist zumeist mit seinem Geist identifiziert und auch genau deshalb entsteht oft diese Schieflage einer stimmigen Ausrichtung im Wirken durch das wahre Sein. Dich mit deinem wahren Seinskern näher zu beschäftigen, der heiligen Frage *„Wer/was bin ich?"* nachzugehen, dem Unterschied zwischen „ich habe" und „ich bin" nachzuspüren, habe ich dir schon an anderer Stelle empfohlen.

Gedankenimpuls: Dein Körper, dein Geist (Verstand), deine Seele. Was davon hast du und was davon bist du?

Auch in der TCM (Traditionell Chinesische Medizin) spricht man von Energiezentren im Körper, die am dienlichsten wirken, wenn wir sie in den Einklang bringen. Vor allem sind es folgende drei Hauptenergiezentren ("Dantians"), auf denen unser Sein und somit auch unsere Handlungen begründen: Bewusstsein, Liebe und Kraft.

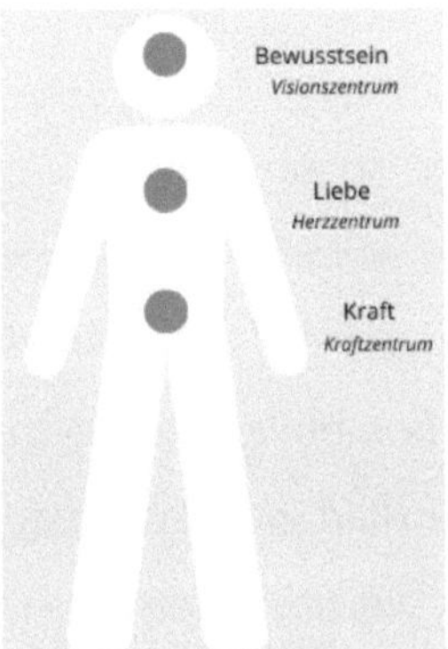

Abbildung 10: Die drei Hauptenergiezentren

Übung: Spür in dich hinein. Kannst du die drei Zentren, dein Bewusstsein, dein Herzzentrum und dein Kraftzentrum wahrnehmen?

Scanne dich der Reihenfolge, am besten von oben beginnend, ab. Und dann versuche alle drei gleich auszurichten. Gelingt es dir, dein Sein auf diese Weise in diesem Moment zu erleben?

Nun, wie oft sind alle drei bei dir im Einklang? Wie oft bewegst du dich, während du gedanklich genau in diesem Moment bist und auch in deinem Herzen kongruent gleich schwingst? Ist es vielmehr nicht oft so, dass du etwas machst (Körper), das du gar nicht willst (Seele) und dabei vielleicht noch mit etwas ganz etwas Anderem gedanklich abgelenkt (Geist) bist? Oder: Wie oft machst du etwas (Körper), hegst dabei aber die größten Zweifel oder den größten Unmut (Geist) und glaubst sowieso nicht an die Erfüllung (Seele)? Schauen wir uns dazu ein paar Beispiele aus dem Alltag an:

- *Warst du vielleicht schon mal auf Besuch, hast dich liebevoll gegeben, während es in dir aber gar nicht danach aussah, und du erst gar nicht anwesend sein wolltest?*
- *Wie oft hast du schon etwas in deinem Leben gemacht, das sich mehr als Müssen anstatt von Wollen angefühlt hat?*
- *Wie oft hast du dir schon etwas – zum Beispiel zu einem gegebenen Anlass – angezogen, indem du dich dann gar nicht wohlgefühlt hast nur damit es entsprach?*
- *Wie oft hast du eine Prüfung geschrieben (auch im übertragenen Sinne) und hast dabei gar nicht an dich geglaubt?*
- *Hast du schon einmal etwas für jemanden gemacht, das du gar nicht wolltest?*

Bewusstes Sein, dass du auch wirklich gerade dort daheim bist, wo du gerade bist, stellt sich durch die Gleichrichtung der Kräfte ein:

Geist	Seele	Körper
Ich weiß, was ich will. *(Denk-Strategie)* Das Ziel ist schriftlich formuliert.	**Ich glaube, dass ich es habe/ bekomme.** *(Glaubens-Strategie)* Das Gefühl bestätigt mich.s	**Ich tue das Richtige auf der materiellen Ebene.** *(Umsetzungs-Strategie)* Was ich sofort beeinflussen kann, tue ich täglich, den Rest *step-by-step.*

Bewusstes Sein ist in unserer mentalen, körperlichen und emotionalen Schicht spürbar:

Ebene	Zustand
mentale Ebene	*bewusst*
körperliche Ebene	*kraftvoll*
emotionale Ebene	*friedvoll, liebevoll*

Geben & Nehmen in Balance bedeutet die gleiche Ausrichtung, die Stimmigkeit, wieder, wie zuvor, aller Energiezentren, um so immer mehr zu einem idealen Leben zu gelangen, innen, wie außen. Und das bedeutet auch, da zu sein, voll und ganz, wahrhaftig und liebevoll, wo du gerade bist.

> *„Wo immer du stehst, sei die Seele dieses Ortes."*
> (Rumi)

<u>Gedankenimpuls</u>: Bist du da, wo du sein möchtest? Bist du wirklich da, wo du bist?

> *„Egal, wo ich jetzt gerade bin, dort will ich sein."*
> (Maxim Mankevich)

Bewusst zu sein, bedeutet in deiner Essenz zu sein, in Liebe, Frieden und dabei ganz in deiner Kraft zu sein. In dieser Einheit zu verweilen und auf die Dinge n i c h t zu reagieren, segnet das, was du „gibst", ist ohne neue Absicht und bindet daher kein neues Karma. Dein Geben – das, wie du dem Leben antwortest – wird dadurch rein. Diese Einheit macht sich durch harmonisches, stimmiges, klares Sein aus. Aus dieser einen Ausrichtung entsteht Absichtslosigkeit und ein fließendes Sein. In dieser Absichtslosigkeit zu verweilen und aus dieser heraus zu sein und zu agieren, bedeutet, bewusst mit deinem freien Willen in die Schöpfung einzugreifen und jetzt – bewusst, friedvoll, liebevoll und kraftvoll – anzunehmen, was sich zeigt. Alles erlauben, was sich zeigt und dann – auf diesen drei Ebenen – geschehen lassen, beobachten. Jetzt gilt es, sich zu erinnern und zu wollen, bewusst gewählt, friedvoll, liebevoll und kraftvoll, was du einst – auch wenn sich dies jetzt negativ, schmerzhaft oder unharmonisch manifestierend zeigt – zu wollen.

> *„Ich will, was ich wollte."*
> (Abuna Semai)

Auweia. Wie kann das gelingen? Wenn es um etwas Schönes geht, klar, kein Ding! Aber was, wenn du dich in einer unharmonischen Situation wiederfindest, die sich vielleicht als unfair oder ungerecht oder schmerzhaft zeigt?

Oftmals fällt uns die Balance zu wählen deshalb schwer, weil wir uns auf Biegen und Brechen gegen das Leid, das wir oftmals beim Nehmen erfahren, mit Händen und Füßen wehren wollen. Lass uns dazu kurz einen Ausflug zum Buddhismus und zu den Vier Edlen Wahrheiten unternehmen, die lehren, wie durch Annahme und Hingabe Leid begegnet und in Folge aufgelöst wird. Sie zeigen die Akzeptanz, dass Leid sein darf und wir dies uns und unserem irdischen Leben erlauben dürfen, auf. Diese Haltung einzunehmen und zu verinnerlichen, führt bereits zur Lösung in die genannte Richtung der Balance. In Buddhas erster Lehrrede offenbarte er die Vier Edlen Wahrheiten[45], die der Strategie im Umgang mit dem Leid dienen sollen:

1. **Es gibt Leiden.**
2. **Es gibt Ursachen des Leidens.**
3. **Das Leiden kann überwunden werden.**
4. **Es gibt einen Pfad zur Beendigung des Leidens.**

Die erste Wahrheit ist die Wahrheit um die Existenz von Leid als Tatsache, z.B. im Ausdruck von Krankheit, Armut, Altern und Tod.

---

[45] Dhammacakkappavattana-Sutta (SN 56,11) auf palikanon.de; englische Übersetzungen von Peter Harvey, Ñanamoli Thera, englische und deutsche Übersetzung Piyadassi Thera, Thanissaro Bhikkhu.

Die zweite Wahrheit ist bereits die befreiende, nämlich, dass es auch Ursachen für das Leid gibt. Umrahmt wird diese Wahrheit vom Begreifen der (auch in diesem Buch bereits angesprochenen) Nicht-Dualität. Leid wird als Wirkung von gereiften Ursachen, den sog. „Zehn Fesseln", wie etwa Wut, Angst, Unwissenheit, Anhaftung und mehr verstanden.

Die auf die zweite Wahrheit folgende ist die dritte, die nach der erfolgreichen Ursachen-Innenschau erkennt, dass das Leiden überwunden kann. Dies geht einher mit dem Prinzip der Achtsamkeit, die den Weg für erneutes Wohlbefinden wiederherstellt.

Und die vierte Wahrheit repräsentiert den sogenannten Achtfachen Pfad, der zur Beendigung des Leidens führt. Der Achtfache Pfad setzt sich aus folgender Lebensweise zusammen:

- Rechte Anschauung
- Rechtes Denken
- Rechte Rede
- Rechtes Handeln
- Rechter Lebenserwerb
- Rechtes Bemühen
- Rechte Achtsamkeit
- Rechte Konzentration

Gedankenimpuls: Nimm dir einen Moment der Stille und meditiere auf die Vier Edlen Wahrheiten. Was erfährst du auf diese Weise zum Thema Leid?

Selbstverständlich kann hier nicht die gesamte Ethik des Buddhismus dargelegt werden und so empfehle ich dir, wenn dich diese Konzeption anspricht, dies mit entsprechender Literatur zu vertiefen. Ein einführender Buchtipp hierzu: **Thich Nhat Hanh: *Gut sein. Und was der Einzelne für die Welt tun kann,*** W. Barth Verlag, 2014.

Die folgende Erfahrung und Übung möchte ich dazu mit dir teilen: Mir gelingt es immer mehr, dass ich die Vorstufe zum „wollen, was ich wollte" schaffe, indem ich beide Wege wahrnehmen kann, die menschliche, logische, „gerechtfertigte" Reaktion genauso wie das „folgenlose Annehmen". Dabei verspüre ich ein in mir Ruhen, aus höherer Perspektive, die liebevolle Absicht und den liebevollen kausalen Zusammenhang im Ganzen zu begreifen. Das ist der erste Schritt auf diesem Weg. Halte inne, nimm wahr und fühle, da gibt es noch mehr, als die klassische typische Wahl einer menschlichen Reaktion. Und dann: Pause. Und dann: Wähle. Wie willst du jetzt reagieren?

Abbildung 11: Annahme praktizieren

An diesen Punkt gelangst du durch dein bewusstes Sein, dein bewusstes Beobachten und Wahrnehmen immer mehr. Dies gelingt, indem du es dir zu deiner täglichen Routine machst, bei allem, was du tust, immer wieder ganz bewusst zu dir hin zu spüren.

<u>Übung</u>: Probiere es gleich jetzt: Egal, wo du bist, egal, ob du eigentlich gerade mit dieser Lektüre und ihren Denkanstößen beschäftigt bist: Atme ein und fühle zu dir und nimm, meist in deiner Solarplexus-Gegend, wahr, dass ein warmes inneres Sein, wie ein eigener innerer Körper, in dir sitzt. Nimm weiter wahr, dass dieser ebenso immer da ist, beständig, unangetastet und unverrückt von jeglichen äußeren Umständen. Versuche, gerade in emotional herausfordernden Situationen, diesen Körper immer wieder, täglich, in dir wahrzunehmen. Von hier aus, dieser Verbindung zu deinem wahren Wesenskern, erschaffst du dir die beste Voraussetzung für das Gelingen einer bewussten Wahl hin zu einem liebevollen, harmonischen Handeln und in Folge zu liebevollen und harmonischen Umständen.

> *"Close your eyes. Fall in love. Stay there."*
> (Rumi)

Wenn du dies immer öfter so praktizierst und in Folge dann auch so erleben kannst, wird es dir in weiterer Folge immer leichter und schneller möglich sein, in diesem Einklang zu agieren, anstatt zur reagieren. In Folge wirst du immer mehr jenes geben, dessen Ernte du auch gerne empfangen möchtest.

Der freie Wille und die Selbst-Realisation, siehe dazu auch im Quellenverzeichnis, sind weiterführende Bereiche, die hier unseren Rahmen sprengen. Ist einmal Bewusstsein für die Beobachtung der

Absicht geschaffen, empfiehlt sich entsprechendes Tiefergehen in diesem Sinne.

6.3. WERT SEIN

Trotz aller Zuwendungen und Bemühungen erfuhren die Meisten von uns in der Kindheit nicht befriedigte Bedürfnisse. Je nach Ausprägung dieser Erfahrungen kann sich dies im erwachsenen Alter dann in ungesunden, kompensatorischen Haltungen zeigen, gerade, wenn es eben um das Thema Nehmen geht. Manche wollen zu viel, verfallen in Unersättlichkeit, manche wagen nicht, ihre Bedürfnisse zu äußern und andere kompensieren mittels unermüdlicher Hilfeleistungen für andere.

Annehmen gelingt durch bewusstes Sein, damit haben wir uns gerade zuvor beschäftigt, allerdings eher mit der bitteren Ausprägung des Lebens. Wie ist es aber mit dem vermeintlich einfacheren und süßeren Gruß des Lebens? Fällt es dir immer nur leicht, zu nehmen?

Mal ehrlich: Wie gehst du mit Komplimenten um? Mit unerwarteten Geschenken? Mit einem Lächeln oder der guten Laune eines Fremden, wenn du gerade in deinem vielleicht negativen Emotionskörper verhaftet bist? Nimmst du gerne Geld für dein Geben an, das dir entgegengebracht wird? Gelingt es dir, immer alles Schöne vom Leben anzunehmen, das sich dir bietet? Und überhaupt: Gelingt es dir, alles Schöne entsprechend zu erkennen? (Vgl. später im Unterkapitel Dankbarkeit).

Vermutlich kannst du alle Fragen nicht schlichtweg mit einem großen „Ja, klar!" beantworten. Die Sache mit dem Selbstwert haben wir ja schon

„durchgekaut". Das aber ist der springende Punkt, und deshalb begegnet er dir auch hier wieder! Was strahlst du ins Feld, wenn du nur ungerne nimmst, bzw. dich unwohl fühlst? Das Universum empfängt deine Strahlung und wird entsprechend antworten.

> *„Das, was dir das Leben gibt, entspricht genau dem,*
> *was du zuvor gegeben hast."*
> (Manuela Gassner)

Es ist also ganz wichtig, dass du auch – entsprechend der Anerkennung des geistigen Gesetzes der Fülle – vom Leben nehmen kannst, dir es wert bist, dir es erlaubst und zugestehst: deinen Raum, deinen Platz, deinen Wert! Du weißt schon: Das, was du ausstrahlst, kommt entsprechend zu dir zurück.

> *„Die Welt gibt, wenn du nehmen kannst."*
> (Dr. Gernot Mayer)

Gedankenimpuls: Frag dich also wieder: Was ist es, das dir zusteht, was willst du vom Leben nehmen? Wo ziehst du Grenzen zwischen der Fülle des Lebens, die allen zusteht, nur nicht dir? Wessen fühlst du dich nicht wert?

6.4. FRIEDVOLLES SEIN IN GLEICHMUT

Ein verwandter Begriff und eine ähnliche Lebenseinstellung bzw. Wirkung, dem Leben zu begegnen, ist Gleichmut. Aber, wie kannst du denn der Situation xy mit Gleichmut begegnen? Und: Was heißt überhaupt Gleichmut? Der Duden erklärt uns zum Eintrag Gleichmut Folgendes: *"ruhiger, leidenschaftsloser Gemützustand"*.

Situationen nicht in Gleichmut zu begegnen, bedeutet u.a. auch, dass das Denken & Fühlen von äußeren Einflüssen geprägt ist, durch Einflüsse von der Arbeit, dem Wetter, den Nachrichten oder anderen Menschen. Meistens handelt es sich hierbei um Erlebnisse in Disharmonie, in denen deine Reaktion dann wohl oft dahingehend ist: Warum solltest immer du nachgeben? Gekränkte Eitelkeit steht einem harmonischen Erleben oft im Wege und du möchtest dann ja nicht wieder der sein, der nachgibt. Zu oft wurdest du vielleicht schon vom seit Kindergartentagen gut gemeinten und bekannten Ratschlag "Der Klügere gibt nach" enttäuscht. Dass wir es selber sind, die uns enttäuschen, wird dabei oft übersehen. Ebenso, dass wir unseren Mitmenschen dankbar sein dürfen, uns in diese Situationen mit der größten Persönlichkeitsentwicklungs-Kraft für uns zu bringen. Nicht in Gleichmut zu handeln, kostet Energie, die wir niemals mehr positiv zurückbekommen. Für immer wird mir eine Weisheit vom deutschen Psychologen Corssen, dem ich bei einer Tagung lauschen durfte, ebenso in Erinnerung bleiben: *"Jeder hat Angst in seinem Angst- und Denksystem"*. Verinnerlicht man diese Aussage, wird ein friedvolles

Reagieren auf die sich uns bietenden Situationen ebenso um ein Vielfaches leichter fallen. Wir erfahren dann tieferes Verständnis, Akzeptanz und Empathie für unseren Gegenüber.

Im jahrelang (nicht universitärem) Studium des Buddhismus begegnete ich diesem Begriff in der Lektüre über die vier "himmlischen Verweilszustände", vier zu kultivierende Geisteshaltungen (*Brahmavihāra*): Liebe, Mitgefühl, Mit-Freude, Gleichmut. Gleichmut entspricht dabei dem buddhistischen sehr wichtigen Grundsatz, Dingen leidenschaftslos zu begegnen und nicht anzuhaften. (Leiden-schaf(f)t). Dieser Aspekt berührt dann ebenso die drei heilsamen Handlungen des Buddhismus: Gierlosigkeit, Hasslosigkeit und Unverblendetheit (*alobha, adosa, amoha*).

> *„Um die Übung von Ursache und Wirkung in 7 Punkten zu üben, entwickelt man zunächst einen gleichmütigen Geist. Ohne die Entwicklung eines gleichmütigen Geistes wird es einem nicht möglich sein, eine altruistische Sichtweise zu entwickeln, denn ohne einen solch gleichmütigen Geist wird man immer den Freunden und Verwandten mehr zugewandt sein als Anderen. Ihr solltet keine Vorurteile, Hass oder Begierde gegenüber Feinden, Freunden und neutralen Personen empfinden. Und deshalb entwickelt Ihr Gleichmut."*
> (S.H. der XIV Dalai Lama in: „Path to bliss – A practical guide to stages of meditation")

> *„Wer alles mit einem Lächeln beginnt, dem wird das Meiste gelingen."*
> (Dalai Lama)

Situationen in Gleichmut zu begegnen bedeutet, sehr rein nicht zu re-agieren. Dies geht jedoch nicht mit Gleichgültigkeit einher, weil diese ebenso einer Reaktion, nämlich Ignoranz, also einer Ego-Behaftung, entspricht! Das heißt: Ist mir etwas gleichgültig, reagiere ich mit einer "ist-mir-egal"-Haltung, welche nicht rein ist, da es (mir) eben nicht gleich gültig (geltend) ist. Maximal wird dabei eine Situation aufgegeben. Situationen nicht in Gleichmut zu begegnen, zieht oft ein späteres Bereuen der eigenen Reaktionen mit.

Nicht gleichmütiges Handeln (Reagieren) identifizieren:

- Vergleiche ziehen
- Verbissenheit/ Hartnäckigkeit
- innere Unruhe
- Unsicherheit
- Aggressivität
- Gleichgültigkeit
- beleidigen, schreien, verletzen
- "Time-out"- Bedürfnisse
- Wut, Zorn
- Gedanken kreisen um Gedanken, die andere Menschen denken könnten
- ,…

Gleichmut ist die Grundlage für die wahre, unbedingte und altruistische Liebe.

Gleichmut bedeutet für mich

- jemandem ein Lächeln zu schenken, der vergisst, dir seines zu schenken
- frei von Rachegedanken- und Handlungen zu sein
- Hass mit reiner Liebe zu begegnen
- wahrer Freude statt Arroganz
- Offenheit statt Ignoranz
- frei von Gegenverlangen zu geben

- frei von Erwartungen zu sein
- im Fluss zu sein
- friedvoll anzunehmen und zu akzeptieren, was das Leben dir gerade bietet
- in jedem Mitmenschen einen Lehrmeister zu sehen ("Ich suchte dich und fand mich")
- Dualitäten-auflösend, keine Trennung von dein & mein
- beleidigende Worte anderer als zu ihnen gehörig zu identifizieren
- in jeder Situation ruhig und tief zu atmen
- Probleme als Chancen zu erkennen
- zielorientiert und nicht problemorientiert zu denken
- Pausen im Alltag einzulegen und einfach dem Nichtstun frönen
- Frieden
- aus der Karmalehre: karmafrei zu handeln
- und so vieles mehr

Die Vorteile von Gleichmut

- mehr innere Ruhe
- mehr Ausgeglichenheit und Gelassenheit
- Resilienz
- mehr innere Stärke
- mehr Harmonie
- mehr Freiheit
- mehr Authentizität und Ehrlichkeit

Gleichmut stellt ein großes Trainingsfeld im Alltag dar und jede Situation, der mit Leidenschaft begegnet wird, ist als Training für friedvolles Wirken, Geben willkommen zu heißen. Und bis dahin kannst du dich täglich fragen: "Heute schon gleichmütig gewesen?"

> "Wer Schmetterlinge lachen hört,
> der weiß, wie Wolken schmecken
> der wird im Mondschein, ungestört
> von Furcht die Nacht entdecken.
> Der wird zur Pflanze, wenn er will,
> zum Tier, zum Narr, zum Weisen,
> und kann in einer Stunde
> durchs ganze Weltall reisen.
> Er weiß, dass er nichts weiß,
> wie alle andern auch nichts wissen,
> nur weiß er, was die anderen
> und er noch lernen müssen.
> Wer in sich fremde Ufer spürt,
> und Mut hat sich zu recken,
> der wird allmählich ungestört
> von Furcht sich selbst entdecken.
> Abwärts zu den Gipfeln
> seiner selbst blickt er hinauf,
> den Kampf mit seiner Unterwelt
> nimmt er gelassen auf.
> Wer Schmetterlinge lachen hört,
> der weiß, wie Wolken schmecken,
> der wird im Mondschein, ungestört
> Von Furcht die Nacht entdecken.
> Wer mit sich selbst in Frieden lebt,
> der wird genauso sterben
> und ist selbst dann lebendiger
> als alle seine Erben."
> (Carlo Karges (1951-2002))

6.5. DANKBAR SEIN

Auch Dankbarkeit gehört zu den geistigen Gesetzen. Das Gesetz des unaufhörlichen Dankens für alles, was ist, lässt den Glauben tätig werden, der Berge versetzt. Indem du dein Herz mit Dankbarkeit erfüllst, beginnt die höchste Kraft des Universums durch dich zu wirken, denn ein liebevolles Herz ist der reinste Kanal für das Wirken der Liebe Gottes.

Dankbarkeit ist dabei in zweifacher Hinsicht zu praktizieren: Zum einen dankbar zu sein für alles, das bereits ist und zum anderen für all das, wie du dich in deiner geistigen Zukunft sehen willst. Du erfüllst dich auch mit Dankbarkeit über all die zukünftigen Dinge, die du erreichen oder anstreben willst bzw. die du wünschst. Du nimmst sie geistig in Besitz, um die entsprechende Ursache auf geistiger Ebene für die Erfüllung zu setzen.

Der Clou: Dankbar zu sein, zieht unweigerlich und unaufhörlich und beständig Dinge an (wie alles entsprechend des Gesetzes der Resonanz und Schwingung angezogen wird, in dem wir schwingen), für die wir in Folge wieder und wieder dankbar sein können. Dankbarkeit ist der wahre Mechanismus zu Freude, Glück und einem erfüllten Leben. Dankbarkeit zu empfinden, quasi einzuatmen bzw. sich einzuhauchen, erzeugt in dir einen harmonischen und glücklichen Gemütszustand, ein Wohlfühlen auf allen Ebenen. Du gibst dir also selber die Dankbarkeit und wirst in Folge erneut Dankbarkeit durch entsprechende

Manifestationen nehmen können. Das in diesem Sinne einzig korrekte Gebet ist daher immer das Dankgebet.

> *»Nicht die Glücklichen sind dankbar.*
> *Es sind die Dankbaren, die glücklich sind.«*
> (Francis Bacon)

<u>Gedankenimpuls</u>: Sei bewusst täglich für etwas dankbar. Du kannst dies auch mehrmals täglich in deinen Alltag einbauen und ausstrahlen. Am Weg zur Arbeit kannst du vielleicht einem schönen Vogelgezwitscher lauschen oder es ist das freundliche Lächeln der Angestellten beim Bäcker, für das du bewusst Dankbarkeit verspüren kannst. Noch viel mehr kannst du für die scheinbar selbstverständlichen Dinge im Leben dankbar sein: dein Leben, deine Gesundheit, deine Augen, die all das Schöne in der Welt wahrnehmen können – diese Liste ließe sich noch lange fortsetzen. Es gibt jedenfalls genug, für das du täglich dankbar sein kannst. Für was bist du dankbar?

6.6. LIEBEVOLL SEIN

Wie immer: Liebe ist die Antwort. Geben & Nehmen in Balance bedeutet auch, in Liebe zu geben und genauso aber in Liebe zu nehmen.

> *„Was würde die Liebe jetzt tun?"*
> (Neale Donald Walsch, in: Gespräche mit Gott)

Die Liebe ist mehr als ein Gefühl zwischen zwei Menschen. Die Liebe ist ein uns allgegenwärtiges umgebendes Meer, die Liebe ist, wie die Luft, immer da. Und: Wir sind ungetrennte Teile derselbigen, leben diese nur manchmal nicht, weil wir erschöpft, verbittert, verletzt oder gekränkt sind. (Wobei solche Empfindungen immer (lediglich) unserer Bewertung entsprechen). Doch die Liebe ist immer da, so, wie die Luft, die wir erst bei Wind bemerken. Ich möchte dir hier ein Tool vorstellen, mit dem wir uns augenblicklich und jederzeit die Liebe sofort spürbar machen können: Das Tool begründet auf der Fragestellung "Was würde die Liebe jetzt tun?" von Neale Donald Walsch. Nach gründlicher Reflexion ist es für mich das wirksamste (Selbst-) Coaching-Tool überhaupt.

Du stellst dir in entsprechenden Situationen die Frage: „Was würde die Liebe jetzt tun?" und lauschst dann zum Empfang der von deinem Höheren Selbst/deiner Intuition gegeben Antwort in dich hinein. Meist kommt die Antwort auch sofort, das heißt, sie kommt direkt aus deiner Intuition, die wiederum an dein Wahres Selbst gekoppelt ist, welches ausschließlich auch aus Liebe besteht. Die Antwort ist dann sofort da, friedvoll, herzöffnend, klar und liebevoll.

Was sind solche Situationen, wann kann man oder sollte man sich dieser Frage bedienen? Oft begegnen uns Situationen, die uns herausfordern, unsere roten Punkte drücken, uns aus unserer Mitte bringen und uns in Bedrängnis bringen, nicht in Gleichmut zu sein. Solche Situationen sind oft:

- Situationen, in denen eine Entscheidung zu treffen schwer scheint.
- Situationen, in denen wir uns gerade von anderen getroffen (verletzt) fühlen. Nur allzu gerne möchten wir dann vielleicht zu einem Gegenschlag ausholen und die eben wahrgenommene Verletzung retour geben.
- Situationen, in denen wir richtig reagieren möchten, aber total überlagert sind von unserer Wut, unserer Trauer, unseren Verletzungen, unserer Verzweiflung, unserer Angst, unserer Einsamkeit, Wettbewerb, Vorurteilen, Besitzansprüchen oder Erwartungen.
- Situationen, in denen wir uns unfair und ungerecht behandelt fühlen.
- Situationen, in denen wir ungeduldig warten.
- Situationen, in denen wir uns deplatziert vorkommen und wir das egoistische Verhalten unseres Gegenübers an unserer Energie ziehen lassen.

Wann eignet sich dieses Tool? Immer und überall ist für mich die Conclusio. Und: Da die Liebe immer da ist, wird sie uns auch antworten.

Was bringt dir das? Egal, welche mögliche Reaktion dir gerade für sinnvoll oder wirksam in den Sinn kommt, nichts ist für deine Seele heilsamer und friedvoller als das Nachgehen auf die Antwort, die wir auf die Frage erhalten: Was würde die Liebe jetzt tun? Umgehend veränderst du damit eine unharmonische Situation in eine harmonische und es ergeben sich dadurch viele Vorteile:

- Wir sind freundlicher mit unseren Mitmenschen.
- Wir sind freundlicher zu uns selber.
- Innerer und äußerer Frieden wird zugleich verbreitet – und nichts fühlt sich besser an!
- Man handelt ehrlich und authentisch.
- Ein einfaches und sofort wirksames Werkzeug, das immer und überall einzusetzen ist, ohne Vorkehrungen treffen zu müssen.
- (Es wird kein neues Karma erzeugt).

Auch Buddha lehrte den Umgang mit Unharmonischen, hier expliziert mit Feindschaft:

> *„Er schmähte mich, er schlug mich, er besiegte mich mit Gewalt: Wer so denkt, der wird die Feindschaft nicht besiegen.*
> *Er schmähte mich, er schlug mich, er besiegte mich mit Gewalt: Wer so nicht denkt, der wird Feindschaft besiegen.*
> *Denn Feindschaft kommt durch Feindschaft zustande; durch Freundschaft kommt sie zur Ruhe; dies ist ein ewiges Gesetz.“*
> (Buddha, Dhammapadaaus dem Palikanon (Verspaar 3–5))

Was würde also die Liebe tun? Was wären denn Antworten, Handlungsempfehlungen, die uns die Liebe in dieser Situation spenden würde?

- zu lachen
- zu lächeln
- zu verzeihen
- zu teilen
- zuzuhören

- zu umarmen
- Freiheit zu geben
- Verständnis zu schenken
- ein ehrliches Nein auszusprechen
- Raum zu geben
- sich Raum zu nehmen
- seine Stimme zu erheben
- …

Die Befolgung der empfangenen Antwort auf diese Frage wird immer erfolgreich sein, erfolgreich im Sinne eines harmonischen Moments, nämlich: friedvoll, liebevoll, authentisch, heilsam und klärend. Und dann gilt es: dein Ego auf stumm zu schalten, auf Pause zu drücken und dementsprechend zu handeln, zu reagieren. Ob dies dann das richtige Verhalten war? Das spüren wir ebenso sofort und werden wahrscheinlich von der Kraft dieses Tools, dieser – für mich – heiligen Frage, angenehm überrascht sein. So angenehm, dass sich die Frage für uns, ob dies nun richtig ist, so zu handeln, nicht mehr stellen wird. Ein erhebendes und weites Gefühl von Frieden wird sich breit machen, etwas, das den Raum für die Liebe schafft. Und so wählen wir in Folge aus einer vermeintlich unharmonischen Situation eine mit harmonischem Ausgang, eine, die alle Beteiligten glücklich macht. Und wir können zufrieden mit uns sein, das Ego wieder einmal erfolgreich ausgeschalten zu haben. Je öfter wir dies praktizieren, desto leichter wird uns eine automatisierte Anwendung dieser Handlungsoption zu eigen geworden sein. Die Antwort auf die Frage „Was würde die Liebe jetzt tun?" und die infolgedessen kongruente unternommene Handlung wird immer einem wahrhaftigen, reinen Geben entsprechen.

> *"Never miss an opportunity to show your love."*
> (Paul Coelho)

(Frei übersetzt: „Versäume niemals eine Gelegenheit, deine Liebe zu zeigen.")

6.7. IN SEINER KRAFT SEIN

Schon zuvor haben wir vertieft, wie wichtig die gleiche Ausrichtung unserer Trinität, unseres Körpers, Geistes und unserer Seele ist. Ein Aspekt dabei ist unser Kraft-Zentrum, welches dich erinnert, wie wichtig es ist, (auch) in deiner Kraft zu sein, aus deiner Kraft zu wirken. Im Laufe des Buches hast du wertvolle Tipps erhalten, wie du identifizierst, in deiner Kraft zu sein (Intuition, Stimmigkeit, Flow).

Auch an dieser Stelle sei wieder darauf verwiesen, wie wichtig dein kraftvolles Sein für dein wahrhaftiges Geben ist. In deiner Kraft zu sein, bedeutet auch, am richtigen Ort, am richtigen Platz, in der richtigen Umgebung und Umwelt zu sein. Dazu möchte ich dir eine liebevolle Anekdote von Dr. Eckart von Hirschhausen präsentieren, in der der Pinguin als Protagonist dich daran erinnert, wie wichtig es ist, dass du in deiner Stimmigkeit lebst, um in deiner Kraft zu sein:

DIE PINGUIN-GESCHICHTE
ODER: WIE MAN SICH IN SEINEM ELEMENT FÜHLT[46]

Diese Geschichte ist mir tatsächlich passiert. Ich war als Moderator auf einem Kreuzfahrtschiff engagiert. Da denkt jeder: „Mensch toll! Luxus!" Das dachte ich auch. Bis ich auf dem Schiff war. Was das Publikum angeht, war ich auf dem falschen Dampfer. Die Gäste an Bord hatten sicher einen Sinn für Humor, ich hab ihn nur in den zwei Wochen nicht gefunden. Und noch schlimmer: Seekrankheit hat keinen Respekt vor der Approbation. Kurzum: ich war auf der Kreuzfahrt kreuzunglücklich.

---

[46] Hirschhausen, Eckart von: https://www.hirschhausen.com/glueck/die-pinguingeschichte.php

Endlich! Nach drei Tagen auf See, fester Boden. „Das ist wahrer Luxus!" Ich ging in einen norwegischen Zoo. Und dort sah ich einen Pinguin auf seinem Felsen stehen. Ich hatte Mitleid: „Musst du auch Smoking tragen? Wo ist eigentlich deine Taille? Und vor allem: hat Gott bei dir die Knie vergessen?" Mein Urteil stand fest: Fehlkonstruktion.
Dann sah ich noch einmal durch eine Glasscheibe in das Schwimmbecken der Pinguine. Und da sprang „mein" Pinguin ins Wasser, schwamm dicht vor mein Gesicht. Wer je Pinguine unter Wasser gesehen hat, dem fällt nix mehr ein. Er war in seinem Element! Ein Pinguin ist zehnmal windschnittiger als ein Porsche! Mit einem Liter Sprit käme der umgerechnet über 2500 km weit! Sie sind hervorragende Schwimmer, Jäger, Wasser-Tänzer! Und ich dachte: „Fehlkonstruktion!"
Diese Begegnung hat mich zwei Dinge gelehrt. Erstens: wie schnell ich oft urteile, und wie ich damit komplett daneben liegen kann. Und zweitens: wie wichtig das Umfeld ist, ob das, was man gut kann, überhaupt zum Tragen kommt.
Wir alle haben unsere Stärken, haben unsere Schwächen. Viele strengen sich ewig an, Macken auszubügeln. Verbessert man seine Schwächen, wird man maximal mittelmäßig. Stärkt man seine Stärken, wird man einzigartig. Und wer nicht so ist, wie die anderen sei getrost: Andere gibt es schon genug! Immer wieder werde ich gefragt, warum ich das Krankenhaus gegen die Bühne getauscht habe. Meine Stärke und meine Macke ist die Kreativität. Das heißt, nicht alles nach Plan zu machen, zu improvisieren, Dinge immer wieder unerwartet neu zusammen zu fügen. Das ist im Krankenhaus ungünstig. Und ich liebe es, frei zu formulieren, zu dichten, mit Sprache zu spielen. Das ist bei Arztbriefen und Rezepten auch ungünstig. Auf der Bühne nutze ich viel mehr von dem was ich bin, weiß, kann und zu geben habe. Ich habe mehr Spaß, und andere haben mit mir mehr Spaß. Live bin ich in meinem Element, in Flow!
Menschen ändern sich nur selten komplett und grundsätzlich. Wenn du als Pinguin geboren wurdest, machen auch sieben Jahre Psychotherapie aus dir keine Giraffe. Also nicht lange hadern: Bleib als Pinguin nicht in der Steppe. Mach kleine Schritte und finde dein Wasser. Und dann: Spring!   Und   Schwimm!
Und du wirst wissen, wie es ist, in Deinem Element zu sein.

<u>Gedankenimpuls</u>: Gib dort, wo dein Geben deinen Auf**gaben** (Auf-Gaben) entspricht! ☺

Kapitel 6: Die Lösung

<u>Gedankenimpuls</u>: Gib dort, wo dein Geben deinen Auf**gaben** (Auf-Gaben) entspricht! ☺

6.8. DIR GEBE ICH MIR

> *"Wer dich bittet, dem gib, und wer von dir borgen will,*
> *den weise nicht ab. "*
> (Jesus in Mt 5,42)

Ja, unser Herz wird gereinigt, wenn wir geben, aber eben nur, wenn wir reinen Herzens geben, wenn wir in unserem Geben dem höchsten Wohl (aller) dienen, dann entwickeln sich Demut, reine Liebe, Sympathie, Toleranz und Barmherzigkeit. Und so wie der Akt des Gebens zur Falle im Sinne unharmonsicher Wirkungen unseres Sogebens werden kann, so birgt er auch die tiefste Weisheit und Erkenntnis: Im reinen Geben verschwindet die Vorstellung des Getrenntseins und unser Herz wird weit. Gebend erfahren wir tiefe Selbsterkenntnis: Man erkennt das „Eine in Allem" und das „Alles im Einen".

Du weißt schon: Achte darauf, was du ausstrahlst, was du gibst, denn es kehrt zu dir zurück. Gebend bist du im Wohlstandsbewusstsein und ziehst das entsprechende Echo an. Hier lösen wir uns auch von der Illusion unseres Verstandes und klares (gefühltes) Wissen macht sich breit, nämlich dahingehend, dass alle Dinge, die wir weggeben, wieder zu uns zurückkommen. Ja, gib das, was du für dich selbst wählst, einem anderen! Das bewirkt in dir die Erfahrung, dass du bereits hast, um eben daraus schöpfen zu können, um weggeben zu können. Dieser neue Gedanke wird dann deine Erfahrung, deine Zukunft von morgen, dein

Erleben, deine Wirklichkeit, dein Sein. Gibst du die Information „ich gebe" in das Feld, umhüllst du dich mit der Information, dass du hast und strahlst entsprechend aus. Denn nur wer hat, kann geben. Was glaubst du, wird dann zu dir zurückkommen? Das, was und wie du strahlst, kehrt zu dir zurück.

Bist du neidig, gibst du nicht gerne, bist du unsicher und ängstlich, dass dir so-gebend etwas fehlen wird, strahlst du Mangel aus, umhüllst du dich stattdessen damit, was du nicht hast und fütterst das Feld mit eben diesem „Wunsch": Ich habe nicht(s). Erinnere dich! Was du ausstrahlst, ziehst du an. Daher gehe einen Schritt weiter und gib das, was du für dich selbst wählst, einem anderen. Das bewirkt in dir die Erfahrung, dass du es hast, um es weggeben zu können. Gib, was du nehmen möchtest. Denn: Dein Geben ist deine Ernte und Geben & Nehmen sind eins.

Welche „dem anderen" gebenden Akte könntest du dir zur Routine machen? Nach Dada Bhagwan[47] lässt sich Wohltätigkeit auf vier Arten ausdrücken: durch Essen, medizinische Versorgung, spirituelles Wissen und absoluter Gewaltlosigkeit, wobei er der „Weiter-Gabe" von spirituellem Wissen den höchsten Wert zumisst.

> *„Wenn das Vermögen für gute Zwecke verwendet wird,*
> *wird es enorm wachsen."*
> (Dada Bhagwan)

---

[47] Bhagwan, Dada: Edler Umgang mit Geld, 2014, S. 8.

Gedankenimpuls: Was gibst du also dem anderen? Schenkst du ihm z.B. dein echtes, dein ehrliches Lächeln? Oder tust du nur so als ob? Was ist wohl das, was du erhältst?

Hast du Wünsche? Du willst das oder das vom Leben nehmen? Dann liebe, was du wünschst. In deiner Umwelt, erkenne es, sieh es und liebe es. Du wünschst Liebe? Dann liebe diese Liebe, die du zum Beispiel in deinem Nachbarhaus erkennst. Du möchtest? Dann gib. Weil: Vor dem Nehmen das Geben, vor dem Verdienen das Dienen und vor dem Ernten das Säen. Was du weggibst, kehrt zu dir zurück. Erinnere dich an die Kopiermaschine im Universum. Entsprechend reagiert es auf dich und versorgt dich und gibt dir. So wie du das Universum „versorgst", versorgt es dich. Geben bedeutet Wohlstandsbewusstsein. Geben ist Wohlstandsbewusstsein. Geben führt dich wieder in den Wohlstand.

Übung: Erinnere dich: Es ist der gegenwärtige Moment, der zählt. Fühle die Fülle! Jetzt in diesem Augenblick. Schließe deine Augen für einen Augenblick und fühle. Kannst du sie spüren? Kannst du sie (immer existierend) wahrnehmen? Erinnere dich an die Anfangsübung. Wo spürst du das Einssein deiner Existenz mit dem ewigen Sein? Erfülle damit den gegenwärtigen Augenblick.

Das höchste Wohl

Wahrhaftiges Geben dient immer dem höchsten Wohl, deinem und dem des anderem. Auch das ist ein Messkriterium. Wie fühlst du dich, wenn du gibst, erfreut, erhellt, erfüllt, leicht, erhebend, während du gibst? Wahres, aufrichtiges Geben dient deinem höchsten Wohl. Wenn du wahrhaftig gibst, was für dich am dienlichsten ist, ist es für alle anderen ebenso am dienlichsten. Entspricht dein Geben dem Bedürfnis deiner Seele, dann beseelt dich Dein Geben. Wahres Geben führt zu deinem höchsten Wohl *und* auch zu dem des anderen. Das höchste Wohl für dich selbst ist zugleich das höchste Wohl des anderen. Und deshalb gibt es in Wahrheit niemals die Notwendigkeit, etwas „zurückgeben". Denn: Das, was du für einen anderen tust, das tust du für dich, dein Selbst. Und das, was du für dich selbst tust, das tust du für einen anderen. Weil: Wir alle eins sind. Daher: Gib mit reinem Herzen. Gib mit Gott.

> *„Gib mit reinem Herzen. Gib mit Gott."*
> (Manuela Gassner)

<u>Gedankenimpuls</u>: Was ist das Dienlichste, für dich und die Welt?

6.9. BONUS: DIE WOHLSTANDSTEILUNG

An dieser Stelle möchte ich dir noch von der Wohlstandsteilung berichten. Als ich im Juni 2021 zu Gast bei Kurt Tepperwein war, haben wir unsere Begegnung auf diese Weise begonnen. Nach einer herzlichen Begrüßung ließ er mich und meine Begleiter aus einer Schatzkiste einen Schatz auswählen und weihte uns dann in das Wunder der Wohlstands-Teilung ein:

Die Wohlstandsteilung
(nach Kurt Tepperwein)

Nur der erste bezahlt etwas.
Alle anderen geben nur das weiter, was sie ja ohnehin bezahlt hätten, machen aber damit dem Nächsten ein Geschenk und Freude. So kann ein kleiner Betrag 1000x Freude machen und als Freude um die Welt gehen.
Aber ALLE haben ja damit dem Nächsten ein Geschenk gemacht und damit ein Guthaben beim Leben. Das Leben aber gleicht jedes Konto wieder aus und so bekommen alle ein Geschenk vom Leben und Zinsen, obwohl Sie eigentlich gar nichts bezahlt haben.
Es ist die vielleicht beste Investition in Ihre Zukunft. Reich werden durch Teilen.
Wenn Sie das, was Sie vom Leben zurückbekommen, wieder so in den Nächsten investieren, verdoppelt das Leben wieder Ihre Investition. Und Sie schaffen so großen Reichtum aus dem Nichts. Und Sie können gleich damit beginnen und eines Tages Ihren Enkeln erzählen: „Das war die beste Investition" „meines Lebens". Ohne jedes Risiko und mit den höchsten Zinsen.

Du kannst diese Teilung praktizieren, indem du zum Beispiel in einem Cafè zwei Kaffee kaufst und bezahlst, den einen aber für den nächsten Gast spendest.

Gedankenimpuls: Wo könntest du und vor allem wie die Wohlstandsteilung als nächstes praktizieren?

Abbildung 12: Zu Gast bei Kurt Tepperwein

6.10.   UND ICH GEBE ICH MIR

> *„Hilf dir selbst, dann hilft dir Gott."*
> (Angelehnt an Äsop)

Wartest du immer auf das Leben, dass es dir bringt, was du dir wünschst? Strahlst du dabei Sehnsucht oder Mangel aus, über das, was du nicht hast? Du weißt jetzt schon: Das Universum hört dir zu und liefert dir entsprechend. Wenn du ausstrahlst, dass du auf das wartest (voller Sehnsucht), das du zu empfangen (nehmen) möchtest, versteht das Universum/die göttliche Schöpfung/die universellen Gesetze dies entsprechend als Auftrag – und wird dich entsprechend in der Pipeline lassen.

Nun, nach allem, was du erfahren hast: Steh auf! Erhebe dich aus diesem passiven Opferbewusstsein zum Schöpferbewusstsein und sende dem Universum in einer für es verständlichen Sprache, dass du bereits hast, was du „nehmen" möchtest. Also: Gib. Reinen Herzens.

Willst du nehmen, gilt es, (dir dies selber) zu geben. Gibst du dir selber (sich selbst helfen), so ist es das Göttliche, das dann entsprechend für dich (be-)wirkt.   Dies geht einher mit dem universellen Gesetz der Imagination, der Technik des richtigen Wünschens als auch mit dem Schöpfer-Aspekt in der Erinnerung.

Übung: Liegst du manchmal nachts wach und empfindest Sehnsucht? Dann gib dir und erhelle den gegenwärtigen Augenblick damit. Leg eine Hand auf deinen Bauch und die andere auf deinen Brustbereich. Und nun bilde jene Bilder vermengt mit entsprechenden positiven Gefühlen zu den Dingen aus, die du erleben möchtest. Erlebe es wirklich und atme es in dich hinein – was immer es ist, das du ersehnst. Ersetze so ein Mangel- mit einem Wohlstandsbewusstsein und setze damit die wesentliche Ursache deiner Schöpfungen.

> „Wer wirklich der Welt dient, dient sich selbst.
> Wer anderen ehrlich hilft, hilft sich selbst."
> (Swami Sivananda)

6.11. ICH BIN DIE URSACHE

Lass uns mit Kurt Tepperweins Worten zum Ende kommen. Aus dem persönlichen Gespräch mit ihm entstand mein Buch „Kurt Tepperwein. Worte für die Welt von morgen". Kurt Tepperwein lehrt über das bewusste Schöpfen sein eigener innerer Schöpfer zu werden, nicht mehr eine Ursache zu setzen, sondern selber die Ursache zu sein, denn: „Unser Sosein ist unser Dauerauftrag an das Leben für jene entsprechenden Ereignisse, die wir dann ernten."[48] Unser Sosein, so wie es das Wort schon sagt, ist das, wie wir sind, wer wir sind, wie wir wirken, wie wir schwingen, so, wie wir eben – jeweils im Moment – sind. Unser Sosein wiederum ist die wichtigste Ursache, die wir konstant in unserem Leben säen. Unser Sosein ist unser Dauerauftrag an das Leben für jene entsprechenden Ereignisse, die wir dann ernten.

Anstatt also bewusst Handlungen für gewünschtes Manifestiertes vorzunehmen, gilt es demnach, einfach durch sein Sein entsprechend zu schwingen und somit auszustrahlen. Das bedeutet: liebevoll, freundlich, herzverbunden, offen und segensreich zu sein und zu wirken.

Das Spiegel-Gleichnis

„Als bewusste Schöpfer gestalten wir nicht mehr der Außen, die Realität, sondern die Ursache, unser „Sosein", unsere Innenwelt. Denn unser Schicksal ist ein genaues Spiegelbild unseres „Soseins". Will ich, dass die

---

[48] Gassner, Manuela: Kurt Tepperwein. Worte für die Welt von morgen, BOD, 2022, S. 9.

Welt lächelt, muss ich zuerst lächeln. Der Spiegel kann nicht den Anfang machen. Aber wenn ich lächle, muss das Spiegelbild-Schicksal auch lächeln, denn der Spiegel hat keine Wahl, ich, du, wir schon. Unser Sosein von heute ist unsere Realität von morgen."[49]

„Alles, was Sie erleben, ist ein genaues Spiegelbild Ihres Soseins. Ihr Sosein bestimmt Ihr ganzes Leben, Ihr Schicksal, Ihre Zukunft."
(Kurt Tepperwein)

Das bedeutet: Erinnere dich jetzt, wieder der zu sein, der du immer warst und immer sein wirst.

---

[49] Ebd.

Ein Memo für dich zu Kapitel 6

1. Es ist deine Absicht, die allem ursächlich ist.
2. Sich kongruent über die drei Hauptenergiezentren (Bewusstsein – Liebe – Kraft) auszurichten, ist die Annahme des Lebens im Fluss.
3. Zu nehmen, was dir das Leben liefert, ist, deinen Selbstwert zu leben.
4. Dinge und Ereignisse in Gleichmut anzunehmen, bedeutet, nicht zu reagieren und damit einen Ausstieg aus der Spirale des Leids.
5. Körper, Geist und Seele in deinem Sein gleich auszurichten, bedeutet, wahrhaftig zu leben und sich entsprechend im Fluss zu bewegen.
6. Konsequent gelebte Dankbarkeit zieht immer mehr Dinge an, für die du dankbar sein wirst.
7. Entsprechend der Antwort auf „Was würde die Liebe jetzt tun?" zu agieren, bringt dir, in Liebe – und somit in Frieden – mit allem zu sein.
8. Dem Nächsten zu geben, bedeutet dir zu geben, bedeutet, wahrhaftig zu geben und somit dem höchsten Wohl zu dienen.
9. Wenn dir etwas fehlt, gib es dir selber, erfülle dich damit auf geistiger Ebene.
10. Sei durch dein entsprechendes Sosein die Ursache für dein Leben.

Deine Notizen:

Mit welcher energetischen Signatur gibst du *(dir und mir)* **also wahrhaftig?**

„Doch wenn du dich selbst der Dinge, um die du
gekämpft hast, für würdig erachtest, dann wirst du
zu einem Werkzeug Gottes, dann hilfst du der
Weltenseele und begreifst, warum du hier bist."
(Paolo Coelho in „Der Alchemist")

- *Ich bin jetzt erwachsen und ich kümmere mich liebevoll um mich selbst.*
- *Mein spirituelles Wachstum hängt nicht von anderen ab.*
- *Ich lasse das Leben frei durch mich fließen.*
- *Ich bin bereit, mit Leichtigkeit voranzuschreiten.*
- *Energie und Vitalität erfüllen mich.*
- *Ich ersetze Sehnsucht durch Verbundenheit.*
- *In dir begegne ich mir.*
- *Nicht Meister anzubeten oder ihnen nachzueifern, sondern einfach meisterhaft in allem sein, das du berührst.*
- *Alles darf sein.*
- *Lebe, Wesen!*
- *Das, was uns verbindet, ist mehr als das, was uns trennt.*

An dieser Stelle des Buches war eigentlich schon ein Test eingefügt, der Aufschluss darüber geben sollte, inwieweit dein Geben mit deinem Nehmen in Balance ist. Da ein Test jedoch oftmals nicht ganz mit freiem Geist durchgeführt wird, habe ich mich entschlossen, dir stattdessen hier noch einmal Fragen an die Hand zu geben, mit Hilfe derer du zu wichtigen Antworten und in Folge zu Handlungsimpulsen finden kannst. Was es dazu braucht, ist nur, den Raum der Stille zu betreten, welcher dir bei offenem Herzen und Geist alle Antworten parat hält.

◊ Fühlst du dich oft schlapp, ausgelaugt?

◊ Bist du oft tagsüber müde?

◊ Stehst du in der Früh schwer auf?

◊ Fühlst du dich öfters von anderen Menschen ausgenutzt?

◊ Fühlst du dich öfters von anderen Menschen übersehen?

◊ Zuerst alle anderen, dann du?

◊ Denkst du, dass du dein Verstand, deine Gedanken bist?

◊ Fällt es dir schwer, „Nein" zu sagen?

◊ Machst du öfters aus Angst etwas, das du eigentlich gerne tun würdest, nicht?

◊ Bist du öfters in Situationen, in denen du dich nicht wohl fühlst, das Gefühl hast, nicht du selber sein zu können?

◊ Ist Gott etwas anders als du?

◊ Gibst du öfters in Erwartung, Entsprechendes für dich zu erhalten?

◊ Empfindest du im Alltag oft, dass du das und das tun musst?

◊ Glaubst du an Glück und Pech?

◊ Fällt es dir leicht, gut mit Komplimenten umzugehen?

◊ Praktizierst du regelmäßig Atemtechniken?

◊ Betreibst du regelmäßig Gedankendisziplin?

◊ Glaubst du, dass du dein Leben nach deinen Träumen und Wünschen ausrichten kannst?

◊ Glaubst du an einen übermächtigen Gott, der dein Leben lenkt und darüber richtet?

◊ Wendest du oft Dankbarkeitsrituale an?

◊ Lebst du regelmäßig gemäß der Wohlstandsteilung?

◊ Beachtest du die Herkunft und Qualität deiner Lebensmittel?

◊ Spendest du?

Im Anhang findest du nun zwei Schablonen, mit Hilfe derer du dein Geben im Sosein und auch dein Geben-Wollen veranschaulichen kannst.

Schablone 1

In die erste Schablone halte entlang deiner Finger im Außen fest, was du alles – mit all deinem Sosein, deinen Talenten, deinen „Auf-Gaben", gibst. Innerhalb deiner Handfläche wiederum halte alles fest, was du vom Leben bekommst. Betrachte abschließend deine Schablone und untersuche dein Geben & Nehmen in Balance.

Schablone 2

Halte in der zweiten Schablone wiederum fest, was du alles für die Welt gibst. Hebe alles farblich hervor, was wahrhaftig das Dienlichste für dich und die Welt ist. Wenn du bemerkst, dass etwas fehlt, ergänze es gerne ebenso wiederum in einer anderen Farbe. Ziehe auch hier wieder deine Schlüsse und halte deine Ergebnisse fest und vor allem: Wirke entsprechend deinen Handlungsimpulsen.

Du bist, was du gibst! Geben & Nehmen inBalance. (Manuela Gassner)

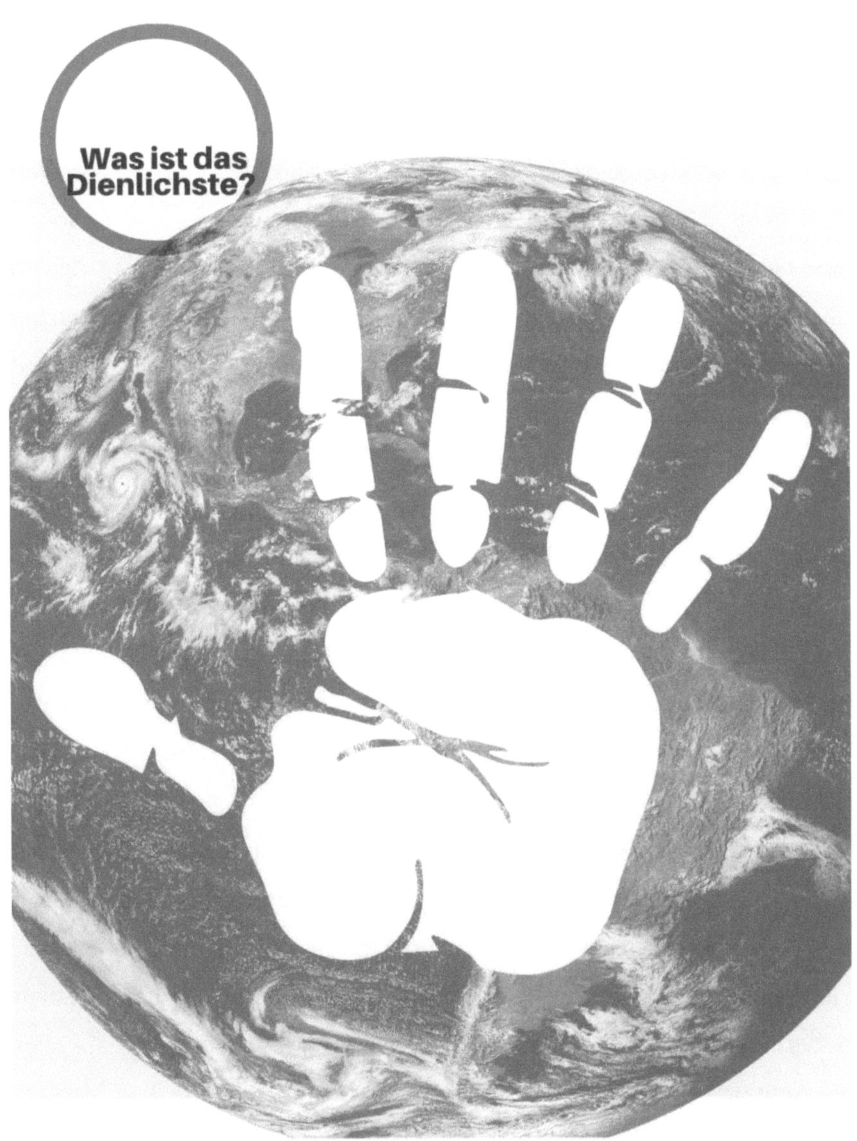

Du bist, was du gibst! Geben & Nehmen inBalance. (Manuela Gassner)

„Du bist, was du denkst", lehrte Buddha. Alles beginnt bei unseren Gedanken. Gedanken, die zur Routine werden und durch Emotionen zum Leben erweckt werden, werden zu unseren Handlungen, werden zu unserem Geben und so wird unser Geben zu unserem Schicksal. Letzten Endes dürfen wir lernen, uns durch nichts und niemanden zu begrenzen und uns durch nichts jemals von der Liebe und der Allverbundenheit zu trennen, um das Glück in unser Leben hereinzulassen. Dazu bedarf es nur, uns zu erinnern, wie uns das durch das Abtragen aller künstlich errichteten Mauern an Glaubenssätzen und Limitierungen gelingt. Die Wahrhaftigkeit unseres Seins drückt sich in der gelebten Einheit zu allem aus und erkennt und offenbart unverblümt: Das, was wir für unser Selbst tun, tun wir ebenso für den anderen, und das, was wir für einen anderen tun, das tun wir für uns selbst. Weil wir alle von derselben Quelle kommen und daher alle eins sind.

So dient wahres Geben immer dem höchsten Wohl, dem eigenen *und* dem unseres nächsten, „des anderen". Von dieser Warte aus wird ebenso unser Nehmen immer harmonischer und liebevoller. Dies ist das wahrhaftige Geben, das, das am dienlichsten ist: für einen selber, für den Nächsten und für die Welt. Liebe ist immer und auf alles die Antwort.

Gib mit Gott. Alle(s) Liebe!

Von mir:
Kurt Tepperwein. Worte für die Welt von morgen, BOD, 2021.
Seraphina. Ein Engel unter uns. Band 1 & 2, BOD, 2018.

Über Karma:
Walter Baumgartner: Karma & Glücklich leben, Spirit Rainbow Verlag, 2020.

Über Glücksforschung:
Manfred Rauchensteiner: Glücklich leben. Dein Herz weiß mehr als dein Verstand, Goldegg, 2018.

Über das Göttliche:
Walsch, Nelae Donald: Gespräche mit Gott, Arkana, 2009.

Über Intuition:
Le Saunier, Jaqueline: Das 5-Schritte-Programm zu deiner inneren Stärke, Allegria, 2019.

Über die Kraft des Augenblickes:
Eckhard Tolle: Jetzt! Die Kraft der Gegenwart, Kamphausen, 2020.

Über Vergebung:
Ulrich Emil Duprée: Ho´ponopono. Das hawaiianische Vergebungsritual, Schirner Verlag, 2013.

Über Bewusstsein:
www.gottmensch.de

Über die Erde und planetare Heiler:
Hauck, Oliver: Gaia. Das blaue Juwel, Polyband (DVD)

Onlinekurse:
Baumgartner, Walter: Onlinekurs Karma & Glücklich leben:
https://walterbaumgartner.com/onlinekurs-karma-gluecklich-leben

LITERATURVERZEICHNIS

Andreoni, James: Impure Altruism and Donations to Public Goods: A Theory of Warm-Glow Giving, in: The Economic Journal, Vol. 100, No. 401 (Jun., 1990), pp. 464-477 (14 pages), Published By: Oxford University Press.

Bhagwan, Dada: Pratikraman, zum Download auf: https://www.dadabhagwan.de/books-media/books/German/

Bhagwan, Dada: Die Wissenschaft des Karmas, zum Download auf: https://www.dadabhagwan.de/books-media/books/German/

Bhagwan, Dada: Edler Umgang mit Geld, zum Download auf: https://www.dadabhagwan.de/books-media/books/German/

Baumgartner, Walter: Karma und Glücklich leben, Spirit Rainbow Verlag, 2020.

Hobbes, Thomas: Leviathan, Stuttgart: Reclam, 1970.

Duprée, Ulrich Emil: Ho`oponopono und Familienstellen. Beziehungen *verstehen, in Liebe vergeben, Heilung erfahren,* Schirner Verlag, 2015.

Gassner, Manuela: Kurt Tepperwein. Worte für die Welt von morgen, BOD, 2022.

Emoto, Masaru: Das Vermächtnis des Wassers, EchnAton Verlag; 1. Edition, 2021.

Karpman, Stephen: Fairy tales and script drama analysis. In: Transactional Analysis Bulletin 7 (26), S. 39–43, 1968.

Osho, 2004: Das Buch vom Ego. Von der Illusion zur Freiheit, Allegria.

Patanjali: Das Yogasutra: Von der Erkenntnis zur Befreiung, Theseus, 2013.

Rousseau, Jean-Jaques: Vom Gesellschaftsvertrag oder Grundsätze des Staatsrechts, Stuttgart: Reclam, 1977.

Schulz von Thun, Friedemann: Miteinander Reden Band 1, Rohwolt Taschenbuch, 1981.

Schulz von Thun, Friedemann: Miteinander Reden Band 3, Rohwolt Taschenbuch, 1998.

Watzlawick, Paul: *Vom Unsinn des Sinns und vom Sinn des Unsinns.* Serie Piper, 1995.

Watzlawick, Paul: Anleitung zum Unglücklichsein, R. Piper Verlag, 1983.

Tolle, Eckhart: Jetzt! Die Kraft der Gegenwart, Kamphausen, 15. Auflage, 2020.

Sheldrake, Rupert: A New Science of Life. Los Angeles; dt.: Das schöpferische Universum. Die Theorie des morphogenetischen Feldes. München, 1983.

Swami Sivananda: Die ersten Stufen des Yoga, Büdingen-Gettenbach, Lebensweiser-Verlag, 1955.

Thich Nhat Hanh: Gut sein. Und was der Einzelne für die Welt tun kann, O.W. Barth Verlag, 2014.

Tepperwein, Kurt: Trainer-Unterlagen für Dipl. Mentaltrainer.

<u>Internetquellen:</u>
(zuletzt abgerufen am 23.08.2022)

Abuna Semai: www.gottmensch.de
Bhagwan, Dada: https://www.dadabhagwan.de/books-media/books/German/
Baumgartner, Walter: Onlinekurs Karma & Glücklich leben: https://walterbaumgartner.com/onlinekurs-karma-gluecklich-leben
Clauss, Karin: „Chil-Dich-mal-nach-Hause" Kartenset
https://www.karindrawings.com/chill-dich-mal-nach-hause-kartenset-821?c=39
Decker, Kate: Money & Manifestation, auf: https://www.youtube.com/watch?v=kAi3bY2k0eI&t=557s
www.dude.de
Gassner, Manuela: Audio-Beitrag „Geben & Nehmen", auf: Zum Audio-Beitrag über Geben & Nehmen:
https://www.youtube.com/watch?v=WGwmIgTkUjo
https://lexikon.stangl.eu/16595/spiritualitaet
Hirthe, Jessica: Burn Out – Der Urknall für dein neues Leben, auf:
https://www.youtube.com/watch?v=9M1C6A7L2PI
Hirschhausen, Eckart von: https://www.hirschhausen.com/glueck/die-pinguingeschichte.php

Nicht mit einer Quelle versehene Grafiken wurden von der Autorin durch freie Dateien auf www.canva.de entwickelt.

Müde?
Energielos?
Ausgebrannt?

Dein Leben fühlt sich an wie einziges Müssen. Dein innerer Treiber und Kritiker haben das Steuer übernommen, lassen dich rennen und funktionieren wie ein Roboter. Deine Wünsche und Bedürfnisse finden kaum bis gar keinen Platz. Du fühlst dich nicht und hörst die Stimme deines Herzens nicht mehr. Du kannst und willst so dein Leben nicht mehr führen.

Dann möchte ich dir gerne mein **Burnout-Coaching** anbieten. Mit verschiedenen Tools aus Yoga, Meditation, Atemtechniken, Energie- und Regressionsarbeit lernst du, dich und deinen Körper wieder zu spüren, deine innere Stimme zu hören und dem Weg deines wahren Selbst folgen zu können. Es darf wieder Leichtigkeit, Freude und Vertrauen in dein Leben einziehen. Entdecke die Quelle deiner Kraft! Sie ist in dir.

Klingt gut? Dann melde dich gerne bei mir:

Jessica Hirthe (Yogalehrerin BDY/EYU, Diplom-Humanenergetikerin, Lebens- und Sozialberaterin)
www.hirthe.at

#let there be OM

*„Wahrlich, ich sage euch: Wenn ihr nicht umkehrt und werdet wie die Kinder,
so werdet ihr nicht ins Himmelreich kommen."*
(Matthäus 18:3)

„Gebt, so wird euch gegeben werden."
(Lukas 6:38)

*„Und wie ihr wollt, dass euch die Menschen tun sollen,
das tut auch ihr ihnen!"*
(Lukas, 6, 31)

*„Alles nun, was ihr wollt, dass euch die Leute tun sollen,
das tut ihr ihnen auch!"*
(Matthäus 7,12)

*„Und Gott erschuf den Menschen als sein Bild,
als Bild Gottes erschuf er ihn; ...»*
(Genesis 1,26-27)

*„Die Absicht, andere glücklich zu machen, bindet gutes Karma, und die
Absicht, andere zu verletzen, wird schlechtes Karma binden. Karma wird nur
durch die Absicht gebunden, nicht durch Handlungen. Die äußerlichen
Handlungen mögen gut oder schlecht sein. Das bindet kein Karma. Was die
Gebundenheit an Karma verursacht, ist die innere Absicht. Deshalb sei dir
deiner inneren Haltung bewusst und verdirb sie dir nicht. Die äußerlichen Taten
sind alles Auswirkungen."*
(Bhagwan Dada)

*„Alles, worum ihr bittet, glaubt, dass ihr es erhalten habt, und es wird euch
werden."*
(Markus 11, 20 – 25)

"Herr, wie sind deine Werke so groß; deine Gedanken sind sehr tief!"
(Psalm 92, 6)

*"Fluche dem König nicht einmal in deinen Gedanken, und verwünsche den
Reichen auch nicht in deiner Schlafkammer; denn die Vögel des Himmels tragen
den Laut davon, und ein geflügelter [Bote] verkündet das Wort.*
(Prediger 10, 20)

„Alle Dinge sind möglich dem, der da glaubt."
(Markus, 9,23)

Der Gedanke, den ich denke, kehrt nicht leer zu mir zurück, denn er bewirkt all
das, wozu ich ihn ausgesandt habe.
(Jesaja, 55, 8-11)

„Wie man in den Wald hineinruft, so schallt es heraus."
(Sprichwort)

„Achte auf deine Gedanken, denn sie werden Worte. Achte auf deine Worte,
denn sie werden Handlungen. Achte auf deine Handlungen, denn sie werden
dein Charakter. Achte auf deinen Charakter, denn er wird dein Schicksal."
(Unbekannt)

„Gedanken haben Flügel".
(Gebhardt Helga)

„Jenseits von richtig und falsch liegt ein Ort. Dort treffen wir uns."
(Rumi)

"Welches Gebot ist das erste von allen? *Jesus antwortete: Das erste ist: Höre,*
Israel, der Herr, unser Gott, ist der einzige Herr. Darum sollst du den Herrn,
deinen Gott, lieben mit ganzem Herzen und ganzer Seele, mit all deinen
Gedanken und all deiner Kraft. Als zweites kommt hinzu: Du sollst deinen
Nächsten lieben wie dich selbst. Kein anderes Gebot ist größer als diese
beiden."
(Markus 12, 28b-34)

„Schmerzt dich tief in der Brust das harte Wort „du
musst", dann macht dich eins nur still, das stolze Wort
„ich will."
(Unbekannt)

„Wir alle sind ungetrennte Teile dieses Allerhöchsten, des
Einen Seins."
(Kurt Tepperwein)

"Close your eyes. Fall in love. Stay there."
(Rumi)

„Ich will, was ich wollte."
(Abuna Semai)

*„Irrt euch nicht! Gott läßt sich nicht spotten. Denn was
der Mensch sät, das wird er ernten. Wer auf sein Fleisch
sät, der wird von dem Fleisch das Verderben ernten; wer
aber auf den Geist sät, der wird von dem Geist das ewige
Leben ernten."*
(Galater 6:7-8 / LUT)

„Energie geht nicht verloren."
(Hermann von Helmholtz)

*„Indem wir unsere Gedanken, unsere Worte und unser Bewusstsein positiver
ausrichten und einsetzen, können wir sowohl unserer Umwelt als auch uns
selbst Gutes tun und die Welt zu einem besseren Ort für alle Lebewesen
machen."*
(Masaru Emoto)

*„Bevor du sprichst, lasse deine Worte durch drei Tore schreiten. Beim ersten Tor
frage: Sind sie wahr?
Am zweiten frage: Sind sie notwendig?
Am dritten Tor frage: Sind sie freundlich?"*
(Rumi)

*»Zu vergeben bedeutet, einen Gefangenen freizulassen
und zu erkennen, dass dieser Gefangene du selbst warst.«*
(Lewis Benedictus Smedes)

»Bevor die Sonne untergeht, vergib.«
(Hawaiianisches Sprichwort)

„Die Art des Gebens ist wichtiger als die Gabe selbst."
(Pierre Corneille)

„Um die Übung von Ursache und Wirkung in 7 Punkten zu üben, entwickelt man zunächst einen gleichmütigen Geist. Ohne die Entwicklung eines gleichmütigen Geistes wird es einem nicht möglich sein, eine altruistische Sichtweise zu entwickeln, denn ohne einen solch gleichmütigen Geist wird man immer den Freunden und Verwandten mehr zugewandt sein als Anderen. Ihr solltet keine Vorurteile, Hass oder Begierde gegenüber Feinden, Freunden und neutralen Personen empfinden. Und deshalb entwickelt Ihr Gleichmut.“
(S.H. der XIV Dalai Lama in: „Path to bliss – A practical guide to stages of meditation")

„Wer alles mit einem Lächeln beginnt, dem wird das Meiste gelingen.“
(Dalai Lama)

„Wo immer du stehst, sei die Seele dieses Ortes.“
(Rumi)

„Egal, wo ich jetzt gerade bin, dort will ich sein.“
(Maxim Mankevich)

„Was würde die Liebe jetzt tun?“
(Neale Donald Walsch)

*„Er schmähte mich, er schlug mich, er besiegte mich mit Gewalt: Wer so denkt, der wird die Feindschaft nicht besiegen.
Er schmähte mich, er schlug mich, er besiegte mich mit Gewalt: Wer so nicht denkt, der wird Feindschaft besiegen.
Denn Feindschaft kommt durch Feindschaft zustande; durch Freundschaft kommt sie zur Ruhe; dies ist ein ewiges Gesetz.“*
(Buddha)

"Never miss an opportunity to show your love."
(Paul Coelho)

„Hilf dir selbst, dann hilft dir Gott.“
(Angelehnt an Äsop)

*„Wer wirklich der Welt dient, dient sich selbst.
Wer anderen ehrlich hilft, hilft sich selbst.“*
(Swami Sivananda)

„Alles, was Sie erleben, ist ein genaues Spiegelbild Ihres Soseins. Ihr Sosein bestimmt Ihr ganzes Leben, Ihr Schicksal, Ihre Zukunft.“

(Kurt Tepperwein)

"I honor the place in you where the entire Universe resides. A place of light, of love, of truth, of peace, of wisdom. I honor the place in you where when you are in that place and I am in that place there is only one of us."
(Mahatma Ghandi)

"Lasse nie zu, dass du jemandem begegnest, der nicht nach der Begegnung mit dir glücklicher ist."
(Mutter Teresa)

„Bringt mir den Zehnten ganz in mein Haus, auf daß in meinem Hause Speise sei, und prüft mich hierin, … ob ich euch nicht des Himmels Fenster auftun werde und Segen herabschütten die Fülle."
(Maleachi 3:10)

„Der Lehrer und der Lernende erschaffen gemeinsam die Lehre."
(Sprichwort aus dem Osten)

„Der gegenwärtige Moment ist alles, was du je haben wirst. Es gibt nie eine Zeit, in der dein Leben nicht „dieser Moment" ist. Ist es nicht so?"
(Eckhart Tolle)

"Wer dich bittet, dem gib, und wer von dir borgen will, den weise nicht ab. "
(Jesus in Mt 5,42)

„Das Universum weiß nicht, ob die Schwingung, die Du aussendest, auf etwas zurückzuführen ist, das Du beobachtest, oder auf etwas, an das Du Dich erinnerst, oder auf etwas, das Du Dir vorstellst. Es empfängt einfach die Schwingung und antwortet darauf mit Dingen, die dazu passen."
(Jacqueline Le Saunier)

„Die Welt gibt, wenn du nehmen kannst."
(Dr. Gernot Mayer)

„Wir sind keine menschlichen Wesen, die spirituelle Erfahrungen machen. Wir sind spirituelle Wesen, die eine menschliche Erfahrung machen."
(P. T. Chardin)

„Ich erkenne den Gott im Anderen."
(Kurt Tepperwein)

„Der Gedanke kennt keine Entfernung. Gedanken reisen schneller um die Welt
und durchqueren rascher das Universum, als ihr ein Wort aussprechen könnt."
(Neale Donald Walsch)

„Wir sind ungetrennte Teile dieses Allerhöchsten,
des Einen Seins."
(Kurt Tepperwein)

„Die meisten Menschen wissen gar nicht, dass es die geistigen Gesetze gibt.
Diese Unkenntnis verursacht viel unnötiges Leid, Probleme und Mangel, aber
diese Gesetze sind auch Schlüssel zu einem erfolgreichen und erfüllten Leben.
Eigentlich müsste die Kenntnis dieser Gesetze in der Schule unterrichtet werden,
weil sie unser ganzes Leben bestimmen."
(Kurt Tepperwein)

„Alles, was Sie ehrlichen Herzens segnen, ist im gleichen Augenblick gesegnet.
(Kurt Tepperwein)

„Gib ohne Erwartungen."
(Dada Bhagwan)

»Nicht die Glücklichen sind dankbar.
Es sind die Dankbaren, die glücklich sind.«
(Francis Bacon)

„Wenn das Vermögen für gute Zwecke verwendet wird,
wird es enorm wachsen."
(Dada Bhagwan)

„Im Leben kriegst du nicht das,
was du willst, sondern das, was du brauchst, damit deine Seele wachsen kann."
(Unbekannt)

„Doch wenn du dich selbst der Dinge, um die du gekämpft hast, für würdig
erachtest, dann wirst du zu einem Werkzeug Gottes, dann hilfst du der
Weltenseele und begreifst, warum du hier bist."
(Paolo Coelho in „Der Alchemist")

Von der Autorin

„Gib mit reinem Herzen. Gib mit Gott.“
(Manuela Gassner)

*„Das, was dir das Leben gibt, entspricht genau dem,
was du zuvor gegeben hast.“*
(Manuela Gassner)

„Das Universum liest, was du gibst.“
Manuela Gassner

„Die Liebe ist der Anfang und das Ende.“
(Manuela Gassner)

*„Erst kommt das Säen, dann das Ernten. Erst kommt das Dienen, dann das
Verdienen. Erst kommt das Geben, dann das Nehmen.“*
(Manuela Gassner)

Seraphina. Ein Engel unter uns. Band 1 und 2:
https://amzn.to/3akI1lB

Kurt Tepperwein. Worte für die Welt von morgen.
https://amzn.to/3xaUjpN